essentials

essentials liefern aktuelles Wissen in konzentrierter Form. Die Essenz dessen, worauf es als „State-of-the-Art" in der gegenwärtigen Fachdiskussion oder in der Praxis ankommt. *essentials* informieren schnell, unkompliziert und verständlich

- als Einführung in ein aktuelles Thema aus Ihrem Fachgebiet
- als Einstieg in ein für Sie noch unbekanntes Themenfeld
- als Einblick, um zum Thema mitreden zu können

Die Bücher in elektronischer und gedruckter Form bringen das Expertenwissen von Springer-Fachautoren kompakt zur Darstellung. Sie sind besonders für die Nutzung als eBook auf Tablet-PCs, eBook-Readern und Smartphones geeignet. *essentials:* Wissensbausteine aus den Wirtschafts-, Sozial- und Geisteswissenschaften, aus Technik und Naturwissenschaften sowie aus Medizin, Psychologie und Gesundheitsberufen. Von renommierten Autoren aller Springer-Verlagsmarken.

Weitere Bände in der Reihe http://www.springer.com/series/13088

Winfried Krieger

Webinare – alles ganz anders hier!

So gestalten Sie wirkungsvolle und nachhaltige Webinare

Winfried Krieger
Prof. Krieger Consulting GmbH
Hamburg, Deutschland

ISSN 2197-6708   ISSN 2197-6716   (electronic)
essentials
ISBN 978-3-658-31331-9   ISBN 978-3-658-31332-6   (eBook)
https://doi.org/10.1007/978-3-658-31332-6

Die Deutsche Nationalbibliothek verzeichnet diese Publikation in der Deutschen Nationalbibliografie; detaillierte bibliografische Daten sind im Internet über http://dnb.d-nb.de abrufbar.

Lektorat/Planung: Rolf-Guenther Hobbeling
Springer Gabler ist ein Imprint der eingetragenen Gesellschaft Springer Fachmedien Wiesbaden GmbH und ist ein Teil von Springer Nature.
Die Anschrift der Gesellschaft ist: Abraham-Lincoln-Str. 46, 65189 Wiesbaden, Germany

Was Sie in diesem *essential* finden können

- Wie Sie mit didaktischen Ansätzen die Wirksamkeit von Webinaren verbessern
- Wie Sie mit Werkzeugen der Massenkommunikation digitale Mehrwerte gewinnen
- Wie Sie Experten und Expertinnen in ein Webinar einbinden
- Wie Sie aus einem analogen Seminar ein digitales Webinar machen
- Wie Sie die Aufmerksamkeit der Teilnehmerinnen und Teilnehmer binden

Vorwort

Liebe Leserin und lieber Leser,

wir geben Ihnen mit diesem *essential* einen Leitfaden für erfolgreiche Webinare an die Hand.

Wir zeigen Ihnen komprimiert, wie Sie Webinare planen und durchführen, um die Teilnehmerinnen und Teilnehmer zu binden und die Informationen nachhaltig wirksam zu machen.

Wir konzentrieren uns auf das Webinarformat, das insbesondere für Teilnehmerzahlen zwischen etwa zehn und dreißig geeignet ist. Aber vieles, was für Webinare hilfreich und zielführend ist, eignet sich auch für Web-Workshops mit einigen wenigen und Web-Konferenzen mit vielen hundert oder tausend Teilnehmer/innen.

Das Angebot an Webinaren hat mit den Beschränkungen im Wirtschaftsleben im Zuge der Corona-Pandemie sprunghaft zugenommen. Informationsveranstaltungen, Seminare und Präsenz-Qualifizierungen wurden von einem Tag auf den anderen zu digitalen Webinaren. Dieser Übergang wurde häufig sehr schnell – und manchmal zu schnell vollzogen, sodass die innovativen Chancen aber auch die spezifischen didaktischen, organisatorischen und technischen Anforderungen an Webinare unberücksichtigt blieben.

Webinare sind eine Legierung mit Elementen aus Lehr-Lern-Formaten, aus Genres der Massenkommunikation und aus analogen Seminaren. Die Stärke von Webinaren liegt darin, diese Elemente zu einem neuen Format mit neuen Chancen und digitalen Mehrwerten zu verschmelzen.

Unsere Hinweise und Empfehlungen ruhen deshalb auf drei Grundpfeilern:

Zum ersten – Webinare sind Lehr-Lern-Formate. Für uns beinhaltet Lernen alle neuen Erfahrungen, die Menschen befähigen, sich zukünftig anders zu verhalten. Und genau das wollen Sie doch mit Webinaren erreichen; dass ihre

Teilnehmer/innen nach dem Webinar ihre Dienstleistung anfragen oder ihre Produkte kaufen oder dass ihre Teilnehmer/innen ihr Unternehmen und ihre Kompetenzen wertschätzen oder dass ihre Teilnehmer/innen etwas besser können oder ... oder ...

Zum zweiten – Webinare sind Formate der Massenkommunikation, sie verteilen Informationen mittels technischer Hilfsmittel an dispers verteilte Menschen. Damit sind die Werkzeuge und audiovisuellen Inszenierungen der Massenkommunikation auch für Webinare hilfreich.

Zum dritten – ihre Erfahrungen aus analogen Seminaren und Vorträgen sind wertvoll, aber Webinare sind digitale Formate. Damit sind andere Prozesse, Abläufe und Techniken einzusetzen. Die Webinarplanung und -durchführung berücksichtigt, dass Sie und ihre Teilnehmer/innen in einem virtuellen Raum agieren und dass Video, Interaktion, Stimme, Visuals, Sprache, Gestik und Mimik anders wirken und anders konzipiert werden müssen.

Ich wünsche Ihnen viel Freude und zahlreiche hilfreiche Anregungen beim Lesen dieses *essential*.

Professor Dr. Winfried Krieger

Einleitung

Die digitale Transformation steht heute für viele Entscheider auf Platz eins ihrer persönlichen Agenda. Geschäftsmodelle, Produktprogramme und Leistungsprozesse verändern sich und eigene Positionen und Arbeitsweisen werden hinterfragt. Dabei hängt der Erfolg der digitalen Werkzeuge primär nicht vom Umfang der Investitionen in diese neuen Technologien ab – Technologie allein wird ein Unternehmen nicht verändern. Erfolgreiche digitale Transformation wird möglich durch neue Prozesse und Kommunikationsstrukturen, die die digitalen Chancen und Potenziale ausschöpfen. Führungskräfte suchen dabei auch nach neuen Kommunikationswerkzeugen und -konzepten, um flexibel mit Kunden, Interessenten, Lieferanten, Partnern und Mitarbeitern zu kommunizieren.

Wir zeigen Ihnen, wie Sie mit dem digitalen Werkzeug „Webinar" nachhaltige und wirksame Kommunikation gestalten können, sodass Sie bei den Teilnehmerinnen und Teilnehmern einen bleibenden positiven Eindruck hinterlassen.

Wir haben dieses *essential* folgendermaßen aufgebaut:

Wir beginnen mit den Chancen, Mehrwerten und Herausforderungen, die dieses neue digitale Format auszeichnet. Wie bei allen Digitalisierungsprojekten reicht es nicht aus, die analogen Abläufe, Prozesse und Erfahrungen 1:1 in die digitale Welt zu übernehmen – vielmehr müssen diese in die digitale Welt transformiert werden. Außerdem werden wir gleich zu Beginn den Wirrwarr an Begriffen zwischen Webinar, Web-Konferenz und Web-Meeting sowie Video-Meeting entwirren.

Ihnen werden für die Webinargestaltung keine Medienprofis zur Seite gestellt; Sie müssen **alle** diese Rollen füllen: Kommunikationsprofi, Audio- und Videotechniker/in, Fachexpert/in, Didaktiker/in, Rhetoriker/in, Moderator/in. Wir haben deshalb im zweiten Kapitel die Kernelemente der notwendigen Technik für Sie kurz und knapp aufbereitet. Da Technik allein nicht reicht, erläutern wir Ihnen auch, wie Sie diese Technik richtig konfigurieren und wirksam nutzen.

Das dritte Kapitel erläutert Ihnen, was Sie bei der Konzeption und Durchführung der Webinare beachten sollten. Wir verstehen Webinare als ein digitales Lehr-Lern-Format; damit rücken didaktische Fragen in den Vordergrund, um nachhaltige Wirkungen bei ihren Teilnehmerinnen und Teilnehmern zu erreichen. Denn darum geht es Ihnen doch im Kern – Sie wollen, dass ihr Wissen, ihre Ideen, ihre Konzepte und ihre Leistungen wahrgenommen und umgesetzt werden. Beginnend mit den zugrunde liegenden didaktischen und neurowissenschaftlichen Konzepten, über die Definition der Zielgruppe, die Themenformulierung, die Ausgestaltung der Visuals und der Interaktionen bis zum Einsatz von Stimme und Sprache erklären wir Ihnen alles, was dafür notwendig ist. Den Abschluss dieses Kapitels bilden ein Exkurs über die Durchführung von Webinaren zu zweit sowie ein zweiter Exkurs über den kürzesten Weg vom analogen Seminar zum digitalen Webinar.

Im vierten Kapitel stellen wir Ihnen einen Webinar-Zyklus vor, der insgesamt fünf Wochen dauert – er beginnt vier Wochen vor dem Webinarstart mit der Webinarkonzeption und -vorbereitung und endet eine Woche nach dem Webinarende mit der Webinarnachbereitung.

Den Abschluss dieses *essential* bilden sieben Empfehlungen plus eine Zauberformel für ihre erfolgreichen Webinare.

Am Ende dieser Einleitung – was wir Ihnen nicht bieten. Wir zeigen Ihnen nicht die Bedienung von Webinartools; das können Bedienungsanleitungen und -videos besser. Wir geben Ihnen auch keine Hinweise für Ihre Organisations- und Teamentwicklung, um Webinare erfolgreich in Ihre Prozesse und Strukturen zu implementieren – obwohl dies ein wichtiger Baustein für Ihren Webinarerfolg ist. In vielen Unternehmen sehe ich nachvollziehbare Ängste und Widerstände der Mitarbeiter/innen, sich in der „Öffentlichkeit" mit einem Webinar zu zeigen.

Am Ende jedes Kapitels haben wir drei Arbeitsfragen formuliert – diese sollen Sie bei der Konzeption und Durchführung ihrer eigenen Webinare unterstützen.

Die erfreulichste Rückmeldung, die ich in letzter Zeit von einer Teilnehmerin meiner Webinare erhalten habe, lautete „… das war das erste Mal, dass ich während eines Webinars nicht meine E-Mails gecheckt habe".

Das ist das Ziel guter Webinare, dass Ihre Teilnehmerinnen und Teilnehmer dabeibleiben und Sie nachhaltige Wirkungen erzielen können – und somit einen bleibenden Eindruck hinterlassen.

Ich wünsche Ihnen viel Erfolg, wenn Sie die hier vorgestellten Ideen, Anregungen und Empfehlungen umsetzen.

Falls Sie Lust haben, an einem meiner Webinare über Webinargestaltung oder über Blended Learning teilzunehmen – schauen Sie gerne bei www.PKCT.de vorbei.

Inhaltsverzeichnis

Über den Autor

Professor Dr. Winfried Krieger, lehrte bis 2017 Logistik, Informations-management und Change-Management an der Hochschule Flensburg. Er ist Gründer und Geschäftsführer der Prof. Krieger Consulting GmbH, die sich auf Prozess- und IT-Beratung sowie auf Lehr-Lern-Coaching für Unternehmen konzentriert.

Er berät Unternehmen, Verbände und Körperschaften bei der Planung und Umsetzung digital gestützter Qualifizierungsprogramme für Fach- und Führungs-kräfte.

Webinare – alles ganz anders hier!

Liebe Leserin und lieber Leser, was Webinare (manchmal auch Webseminar oder Online-Seminar) sind, das wissen Sie oder vermuten Sie zu wissen – sonst hätten Sie sich wohl kaum dieses *essential* gekauft.

Ich erlebe aber oft, dass Webinare nur ein dünner Aufguss von analogen Seminaren sind. Die speziellen Chancen, Potenziale und Mehrwerte aber auch die Herausforderungen dieses digitalen Formats bleiben unbeachtet. Dabei weiß doch eigentlich jeder im betrieblichen Umfeld, dass **vor** einer Digitalisierung die Prozesse und Abläufe überdacht werden müssen, um die Digitalisierung erfolgreich zu machen.

Deshalb … hier ist alles ganz anders und deshalb sollte alles auch anders vorbereitet und durchgeführt werden. Unser Startpunkt ist die digitale Didaktik für Erwachsene. Mit diesem Hinweis auf die didaktischen Anforderungen positioniere ich Webinare als Lehr-Lern-Formate[1]. Vielleicht erschreckt Sie der Begriff des Lehrens und des Lernens – aber wenn Sie Lehren und Lernen als eine Methode begreifen, um Veränderungen anzustoßen und für Veränderungen zu motivieren, dann erschließt sich dieser hilfreiche Blick auf Webinare.

Daher erfolgen viele Empfehlungen und Anregungen, die ich Ihnen nachfolgend gebe, unter dem Blickwinkel einer „hilfreichen Didaktik".

Unser zweiter Blick geht zu den Werkzeugen und Inszenierungen der Massenkommunikation. Auch wenn Sie mit Webinaren nicht Millionen von Menschen erreichen – die Ziele und Strukturen von Webinaren sind vergleichbar.

---

[1]Lehren und Lernen werden in betrieblichen Kontexten für Fach- und Führungskräfte ungern benutzt; lieber werden Begriffe wie Qualifizieren oder Entwickeln benutzt. Im Kern geht es aber stets um Lehren und Lernen und damit um didaktische Herausforderungen.

© Springer Fachmedien Wiesbaden GmbH, ein Teil von Springer Nature 2020
W. Krieger, *Webinare – alles ganz anders hier!*, essentials,
https://doi.org/10.1007/978-3-658-31332-6_1

Was sind nun die spezifischen Eigenschaften von Webinaren, die maßgeblich die Chancen, Potenziale und Mehrwerte von Webinaren bestimmen.

An erster Stelle ist ein Webinar **ein gemeinsamer virtueller Raum;** in diesem sind Gastgeber/innen, Moderator/innen, Referent/innen, Diskussionsteilnehmer/innen und Teilnehmer/innen gleichzeitig präsent. Diese Gemeinsamkeit (und Lernen ist immer ein sozialer Prozess) ist für die Konzeption und Durchführung von Webinaren essenziell. Mithilfe kommunikativer, stimmlicher, sprachlicher und interagierender Bausteine muss dieses Gefühl bei den Teilnehmerinnen und Teilnehmern aber immer wieder erzeugt und bestätigt werden.

An zweiter Stelle – und dieser Aspekt ist verzahnt mit dem erstgenannten – geht es im Webinar darum, **persönliche Erfahrungen, persönliches Wissen und persönliche Empfehlungen** an die Teilnehmer und Teilnehmerinnen weiterzugeben. Auch das ist Bestandteil des erfolgreichen Lernens – die Didaktik zeigt uns, dass Lernen gelingt, wenn aus der eigenen Persönlichkeit mit persönlichem Engagement und persönlicher Erfahrung gelehrt wird. Diese beiden Aspekte unterscheiden das Webinar grundsätzlich vom E-Learning und vom Video-Cast.

Warum sind diese beiden bestimmenden Eigenschaften so wichtig?

Sie wollen über das Webinar nachhaltige Wirkung für Ihr Unternehmen, für Sie als Vertreter oder Vertreterin Ihres Unternehmens oder für Sie als Person erreichen. Auch wenn Sie Informationen oder Qualifizierungen anbieten und Webinare verkaufen, wollen Sie nachhaltige Wirkung erzielen.

Alle Empfehlungen, die ich Ihnen in diesem *essential* gebe, dienen allein diesem Ziel – nachhaltige Wirkung bei Ihren Teilnehmerinnen und Teilnehmern zu erreichen.

1.1   Was sind Webinare?

Unter Webinaren verstehe ich (wie beschrieben) ein digitales Lehr-Lern-Format, dass live in einem gemeinsamen virtuellen Raum[2] stattfindet und dass von einem oder mehreren Moderatoren/Moderatorinnen geleitet wird.

Webinare sind zwischen Besprechung auf der einen Seite mit wenigen aktiven Teilnehmer/innen und Massenkommunikation auf der anderen Seite mit vielen passiven Teilnehmer/innen positioniert. Der Umfang an prozeduralen

[2]Also eine synchrone Veranstaltung mir virtueller Kopräsenz der Teilnehmer, Moderator/innen und Co-Moderator/innen.

Abb. 1.1 Abgrenzung zwischen Webbesprechung, Webseminar/Webinar und Webkonferenz

Interaktionsmöglichkeiten zwischen Sender und Empfänger grenzt diese verschiedenen Formate voneinander ab – wobei die Interaktionsmöglichkeiten wiederum maßgeblich von der Zahl der Teilnehmer und Teilnehmerinnen abhängen (Abb. 1.1).

Die Teilnehmerzahlen für Webinare beginnen bei etwa 10 und enden bei etwa 30 Teilnehmern/innen. Bei geringerer Teilnehmerzahl spreche ich eher von einer Web- oder Videobesprechung[3] – bei mehr als 30 Teilnehmer/innen spreche ich von einer Web-Konferenz.

Erfahrungsgemäß können Sie bei mehr als 30 Teilnehmer/innen kaum Interaktion im virtuellen Raum umsetzen – bei weniger als 10 Teilnehmer/innen ist hingegen intensive Interaktion gefordert und notwendig.[4]

Diese Abgrenzung ist keine Frage der Technik – für Webbesprechung, Webinar und Webkonferenz werden mehr oder weniger die gleichen technischen Werkzeuge benutzt. Diese Abgrenzung ist jedoch hilfreich, um Didaktik, Zielgruppen und Ziele sowie Interaktionen zu konzipieren und zu nutzen.

---

[3]Gerne wird auch der englischsprachige Begriff des Webmeetings verwendet.

[4]Allerdings gibt es noch eine Stellschraube, die Ihnen Webinare auch noch mit Teilnehmerzahlen von etwa 50 ermöglicht; das ist der Einsatz von zwei Moderator/innen – dabei übernimmt ein/e Moderator/in die Aufgabe die Interaktion (wie Chat, Frage & Antwort, Umfragen) im Auge zu behalten und der/die zweite Moderator/in fokussiert sich auf die inhaltlichen Aspekte des Webinars.

Konkretes Beispiel – während Sie bei Webbesprechungen in aller Regel mit offenen Mikrofonen arbeiten und auch die Chat-Funktion allen Teilnehmer/innen zur Verfügung stellen, werden Sie bei Webkonferenzen grundsätzlich ohne Mikrofon-Freischaltung für die Teilnehmer/innen arbeiten und auch die Chat-Funktion werden Sie nur eingeschränkt anbieten und nutzen (der Chat wird schnell sehr unübersichtlich, wenn viele Menschen gleichzeitig mit diesem Werkzeug interagieren).

Die Grenzen zwischen diesen drei webbasierten Formaten; Webbesprechung, Webinar und Webkonferenz sind nicht in Stein gemeißelt, sondern hängen vom Thema, von der Diskussionsdisziplin der Teilnehmerinnen und Teilnehmer und von der Anzahl der Moderatoren ab.

1.2   Welche Chancen und digitalen Mehrwerte bieten Webinare?

Der größte Vorteil von Webinaren liegt im niederschwelligen Zugang für die Teilnehmer/innen. Das Angebot kann wahrgenommen werden, ohne dass Reisekosten und Reiseaufwand entstehen und ohne, dass eine weitergehende emotionale Verpflichtung gegenüber dem Veranstalter entsteht. Diese Niederschwelligkeit ist gleichzeitig Chance und Herausforderung.

Die Chancen liegen in der Erreichbarkeit von Fach- und Führungskräften sowie Entscheidern, die Sie mit analogen Formaten wegen deren knapper Zeitbudgets kaum erreichen können.[5] Selbst bei schmalen Spezialthemen, die sich nur an eine kleine Zielgruppe von Spezialisten richten, können Sie ausreichend Teilnehmer/innen gewinnen – denn die virtuelle Teilnahme ist von jedem beliebigem (auch weit entfernten) Ort möglich. Gleichzeitig werden darüber hinaus wiederholte Kontakte zu ihrer Zielgruppe ermöglicht.

Die Herausforderungen sind zweifach:

Zum ersten birgt die niedrige Teilnahmeschwelle das Risiko, dass es nicht gelingt, nachhaltige Wirkungen bei den Teilnehmer/innen herzustellen. Das Commitment der Teilnehmer/innen ist beim analogen Seminar wegen des persönlichen Organisationsaufwands, der Reisezeiten und des Reiseaufwands a

---

[5]Die typischen Entscheider-Termine für analoge Veranstaltungen am späten Nachmittag finden immer weniger Resonanz – was noch funktioniert, sind analoge soziale Netzwerke. Letztere sind aber häufig sehr stabil und deshalb ist es aufwendig, neue Themen und neue Netzwerkbeziehungen zu etablieren.

priori höher als beim Webinar. Die Bepreisung von Webinaren erhöht zwar das Commitment, löst aber die Problematik nicht auf.

Zum zweiten sind die Zielgruppenanalyse und Zielgruppendefinition trennschärfer durchzuführen als bei analogen Formaten. Bei schmalen Themen, die viel Vorwissen voraussetzen, sollen nur Menschen teilnehmen, die dieses Vorwissen auch mitbringenden – umgedreht, bei breiten Allgemeinthemen sollen nur Menschen teilnehmen, die kein oder wenig Vorwissen mitbringen. Ansonsten wird in beiden Fällen negatives Sentiment erzeugt, das sich auf Sie als Veranstalter niederschlägt.

Neben der inhaltlich auf die Zielgruppe angepassten Webinar-Ankündigung sind auch bei der sprachlichen Ausgestaltung der Ankündigung die lebens- und berufsbezogenen Wirklichkeiten der Zielgruppe zu berücksichtigen.

1.3 Einsatz von Webinaren in betrieblichen Prozessketten

Webinare werden in betrieblichen Prozessen eingesetzt, wenn es darum geht Partner, Kunden, Zulieferer und Mitarbeiter/innen zu beeinflussen.

Das mengenmäßig immer noch größte Einsatzfeld liegt in der außerbetrieblichen Kommunikation insbesondere im Marketing und im Vertriebsbereich. Der Sales-Funnel („Verkaufstrichter") dient dazu, durch verschiedene Schritte, potenzielle Kunden bis zum erfolgreichen Abschluss eines Geschäfts zu selektieren und zu entwickeln. Dabei werden in den aufeinanderfolgenden Schritten jeweils Webinare mit unterschiedlichen Zielsetzungen und unterschiedlichen Inhalten eingesetzt. Das beginnt damit, Aufmerksamkeit zu erzeugen, setzt sich fort über die Verdeutlichung eigener Kompetenzen und endet darin, eigene Problemlösung vorzustellen und zu demonstrieren.

Ich denke, dass wir zukünftig das Thema „Lieferantenmanagement" intensiver als Anwendungsfeld sehen werden. In der Logistik und im Einkauf gibt es noch viel Potenzial in der operativen und strategischen Zusammenarbeit mit Lieferanten.

Ein weiteres wichtiges Anwendungsfeld liegt in der Information von Mitarbeiterinnen und Mitarbeitern; beginnend mit dem Onboarding über die Einarbeitung in neue Themenfelder bis zur Weiterentwicklung der Unternehmenskultur reicht das Einsatzspektrum.

Ein drittes Anwendungsfeld schließlich zielt auf das weite Feld der Demonstration und Schulung von Software-Applikationen und Web-Applikationen sowie auf gesetzlich vorgeschriebene Einweisungen (beispielsweise Gefahrgutbeauftragte, Hygienebeauftragte oder Sicherheitsbeauftragte).

Der Einsatz von Webinaren in diesem letztgenannten Anwendungsfeld erfordert spezifische Herangehensweisen, weil im Schulungs- und Trainingsbereich häufig Mehrfachteilnehmer/innen zu finden sind. Insbesondere betrifft das die Dauer der Webinare und die Nutzung von Interaktionstools.

1.4   Welche Themen eignen sich für Webinare?

Widerstehen Sie bei der Themenauswahl ihrer ersten Idee, ihre „wundervollen" Produkte und Dienstleistungen vorzustellen – produktbasierte Webinare scheitern. Das Webinarthema soll immer einen Lehr-Lern-Charakter haben. Sie wollen den Teilnehmerinnen und Teilnehmern etwas vorstellen, was Relevanz für deren persönliche Entwicklung oder für die Aufgabenerfüllung im Betrieb und Unternehmen hat. Über die Kompetenz zu diesem Thema, die Sie als Veranstalter des Webinars ausstrahlen, werden Sie sich bei den Teilnehmerinnen und Teilnehmern kompetent positionieren.

Gehen Sie bitte grundsätzlich davon aus, dass nicht alle Themen, die Sie in Seminaren anbieten und durchführen, für Webinare geeignet sind. Aufgrund der ausschließlich virtuellen Kopräsenz, den eingeschränkten Interaktionsmöglichkeiten sowie dem kleinen Zeitbudget eignen sich nur bestimmte Themen für Webinare.

Wesentliche Restriktion bei der Themenwahl ist die Zeitdauer eines Webinars; meine eigenen Erfahrungen sowie der Blick auf die Webinarlandschaft in Deutschland und im englischen Sprachraum zeigt, dass Webinare in der Regel 60 min dauern. Diese 60 min setzen sich zusammen aus etwa 5 min Begrüßung und technische Hinweise, etwa 40 min Präsentation von Informationen und 15 min Fragen und Antworten.

Wenn es Ihnen nicht gelingt, ihr Thema innerhalb von 40 bis 45 min[6] rüberzubringen, dann ist ihr Thema nicht geeignet für ein Webinar[7] – Sie können natürlich immer das Webinarthema auf zwei bis maximal drei Webinare aufteilen. So haben Sie entsprechend länger Zeit für die Bearbeitung – gleichzeitig sollten Sie

---

[6]Hier kommt die Dauer der guten, alten Schulstunde zum Tragen; diese orientiert sich an der Aufmerksamkeitsspanne der Schülerinnen und Schüler. Auch wenn die zugrunde liegenden Untersuchungen bereits Anfang des 20. Jahrhunderts stattfanden, schwankt das für eine Schulstunde heute übliche Zeitraster in Europa zwischen 45 und 60 min.

[7]Das bedeutet nicht, dass das Thema oberflächlich sein muss – Sie können auch ein Spezialthema (bei entsprechendem Vorwissen ihrer Teilnehmer/innen) in 45 min anbieten.

dann darauf achten, dass Sie zu Beginn des zweiten und dritten Webinars jeweils eine Kurzzusammenfassung der vorhergehenden Webinare anbieten.

Eine weitere Möglichkeit, die Webinardauer zu verlängern besteht darin, die Teilnehmerzahl auf circa 15 Teilnehmer/innen zu reduzieren. Hierdurch können Sie mehr Interaktion in das Webinar hineintragen und damit die Aufmerksamkeit der Teilnehmer/innen für längere Zeit binden.

Die zweite wesentliche Restriktion bei der Themenauswahl ist die eingeschränkte Möglichkeit der Interaktion zwischen Moderator/Moderatorin auf der einen Seite und Teilnehmer/Teilnehmerinnen auf der anderen Seite. Wie wir im Abschn. 3.6 erläutern, stehen Ihnen im Webinar nur wenige Interaktionsmöglichkeiten zur Verfügung.

Deshalb sind Themen, die es erforderlich machen, sich intensiv mit den Teilnehmern und Teilnehmerinnen auszutauschen, um das Thema überhaupt bearbeitbar zu machen, für ein Webinar nicht geeignet[8]. In diesen Fällen empfiehlt es sich, auf das Format eines Web-Workshops mit wenigen Teilnehmer/innen auszuweichen. Im Web-Workshop stehen Ihnen sehr viel mehr Interaktionswerkzeuge zur Verfügung, sodass Sie dann Themen und Inhalte gemeinsam im Kreis der Teilnehmerinnen und Teilnehmer entwickeln und formulieren können.

Neben diesen allgemeinen Aussagen zur Themenwahl ist es schwer, einzelfallbezogene Empfehlungen zu geben. Drei Hilfsmittel gebe ich Ihnen aber zur Themenauswahl an die Hand:

- Der Küchenzuruf – in der Journalismus-Ausbildung genutzt – fordert, dass der Inhalt eines journalistischen Textes sich in ein bis maximal zwei Sätzen zusammenfassen lässt. Diese Idee der Fokussierung lässt sich auf Webinare übertragen; versuchen Sie, den Inhalt und die Kernbotschaft ihres Webinars in ein bis zwei Sätzen zusammenzufassen. Wenn Ihnen das gelingt, so könnte ihr gewähltes Thema für ein Webinar gut geeignet sein.
- Der Tweet – enthält insgesamt 240 Zeichen; versuchen Sie den Inhalt und die Kernbotschaft Ihres Webinars in einem Tweet zu formulieren. Auch hier gilt, ihr gewähltes Thema ist wahrscheinlich für ein Webinar gut geeignet, wenn Ihnen das gelingt.
- Die Kernbotschaft – die ihre Teilnehmerinnen und Teilnehmer behalten und auch mehrere Tage nach dem Webinar noch erinnern sollen. Formulieren Sie

---

[8]Beispiele dafür sind Teamentwicklung oder spezifische Beratungssituationen.

die Kernbotschaft und bauen Sie darum herum ihr Webinar auf. Möglicherweise sind auch zwei Kernbotschaften geeignet, aber alles was darüber hinausgeht, ist nicht für ein Webinar geeignet.

Arbeitsfragen:

1. Warum wollen Sie in ihrer Organisation Webinare durchführen?
2. Welche Prozessketten in Ihrer Organisation bieten Einsatzpotentiale für Webinare?
3. Welche Partner oder Mitglieder dieser Prozesskette wollen Sie zu welchem Thema beeinflussen?

Was Sie für ein wirksames Webinar brauchen

2

Neben ihrer eigenen Persönlichkeit, die unabdingbare Voraussetzung jedes wirksamen Webinars ist (Menschen lernen besonders gut von Menschen, die uns mit ihrer Persönlichkeit oder ihrer eigenen Erfahrung überzeugen), brauchen Sie geeignete Technik.

In diesem Kapitel geben wir Ihnen deshalb einen komprimierten Überblick zur Webinartechnik und zur Konfiguration dieser Technik. Wir empfehlen Ihnen, mit unseren Empfehlungen zu starten und dann sukzessive ihr eigenes individuelles Konzept umzusetzen. Nutzen Sie diese Übersicht auch gerne, um einen zumindest semi-professionellen Platz für die Durchführung von Webinaren in ihrem Betrieb oder Unternehmen einzurichten.

2.1 Webinarsoftware

Die Webinarsoftware stellt Ihnen den virtuellen, gemeinsamen Webinarraum zur Verfügung. Wahrscheinlich werden Sie die Software als Cloud-Service nutzen. Nur größere Unternehmen installieren eine eigene Webinarsoftware in ihrem Rechenzentrum.

Der Zugang erfolgt für Sie als Veranstalter und für Ihre Teilnehmenden über einen Webbrowser oder über eine Applikation, die auf den jeweiligen Rechnern installiert wird. Die Preismodelle basieren in aller Regel auf einem Abonnementpreis, also einer monatlichen oder jahresbezogenen Flatrate. Der Preis unterscheidet sich bezüglich der maximalen Zahl der Teilnehmer/innen und der Zahl der Administrator/innen (Zahl der Berechtigten, die Webinare planen und durchführen).

© Springer Fachmedien Wiesbaden GmbH, ein Teil von Springer Nature 2020
W. Krieger, *Webinare – alles ganz anders hier!*, essentials,
https://doi.org/10.1007/978-3-658-31332-6_2

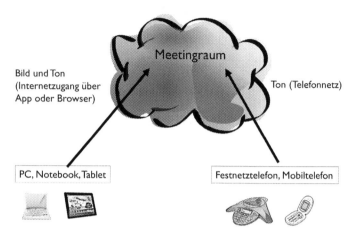

Abb. 2.1 Webinarsoftware aus der Cloud

Zurzeit wird der Markt für Webinarsoftware durch fünf bis sechs, zum größeren Teil US-basierte, Anbieter dominiert. Wobei der Anbietermarkt sich kontinuierlich erweitert und inzwischen auch europäische und deutsche Anbieter präsent sind. Zusätzlich gibt es Open-Source-Angebote, mit denen auch kleinere Unternehmen die Webinarsoftware auf einem lokalen Server installieren können; deren Marktanteil ist aber noch gering.

Die funktionalen Unterschiede zwischen den Anbietern sind gering: wobei jedoch grundsätzlich zu unterscheiden ist zwischen einer Meeting-Lösung (manchmal auch als Video-Lösung bezeichnet), die für viele Webinare in der Funktionalität ausreicht und einer Webinar-Lösung, die ergänzende Funktionen anbietet.

Die Kernfunktionen jeder Meeting-Lösung bestehen aus[1]:

- Zwei Zugangsmöglichkeiten zum Webinar; VoIP (entweder über eine zu installieren App oder direkt über einen Webbrowser) für die visuelle und auditive Teilnahme sowie zusätzlich über das Telefonnetz für die ausschließlich auditive Teilnahme (Abb. 2.1).

---

[1]Die konkreten Funktionsumfänge hängen von der jeweiligen Meeting-Software ab.

- Teilen des eigenen Bildschirms und/oder einer eigenen Anwendung mit den Webinarteilnehmer/innen. Diese Berechtigung (eigenen Bildschirm oder eigene Anwendung teilen) sollte aus Datenschutzgründen vom Veranstalter konfigurierbar sein.
- Bereitstellung eines elektronischen Whiteboards, um Ideen der Teilnehmer/innen strukturiert zu sammeln.
- Chat-Funktion; der Chat sollte konfigurierbar sein, um einen Chat zwischen Teilnehmer/innen untereinander freizugeben oder auszuschließen.
- Umfragen; diese Funktion ist bei den Anbietern unterschiedlich ausgeprägt – es gibt Single-Choice, Multiple-Choice und Freitext-Fragen. Für die zugewandte Teilnehmerorientierung ist es wichtig, dass die Ergebnisse einfach zurück gespiegelt werden können.[2]
- Video; die Videofunktion zur Aufnahme der Teilnehmer/innen bietet unterschiedliche Funktionalitäten. Teilweise mit Green-Screen-Technologie, teilweise mit optischer Weichzeichnung des Gesichts, teilweise mit virtuellen Hintergrundbildern.
- Aufzeichnung des Webinars; hierbei werden verschiedene Preismodelle angeboten, die sich im Speicherumfang und in der Möglichkeit von Cloudaufzeichnung und lokaler Aufzeichnung unterscheiden.
- Rechtekonzepte; die Webinar-Lösungen unterscheiden zwischen Gastgebern, Co-Gastgebern, Diskussionsteilnehmern, Moderatoren sowie Teilnehmern (die Benennungen dieser Gruppen und die jeweiligen Rechte unterscheiden sich in Abhängigkeit von der jeweiligen Webinar-Software).
- Steuerung anderer Kameras und Mikrofone; ab- oder anschalten sowie 1:1-Remote-Unterstützung für einzelne Teilnehmer/innen sind vom Veranstalter konfigurierbar.
- Schriftliches Kommentieren der Folien der Vortragenden („direkt" auf den Folien).
- Teilgruppen; die Möglichkeit, die Teilnehmer während eines Webinars in mehrere Teilgruppen aufzuteilen – dies kommt für Webinare eher nicht zum Einsatz; ist aber für Webworkshops sehr hilfreich.
- Einsatz von Dolmetschern und Untertiteln für Simultanübersetzungen.
- Teilen von Links und Dokumenten über die Teilnehmerliste (konfigurierbar bezüglich der erlaubten Datei-Formate).

---

[2]Aus Veranstaltersicht ist es besser, wenn bei Single- und Multiple-Choice-Fragen nur Prozentzahlen der Antworten zurück gespiegelt werden.

Webinar-Lösungen bieten zusätzlich zu den Funktionen der Meeting-Lösungen meist noch folgende Funktionen[3]:

- Automatisierte Prozesse für Registrierung, Bestätigung der Registrierung, Webinar-Erinnerung sowie Nachfass-Aktionen nach dem Ende des Webinars.
- Frei definierte Fragen während des Registrierungsprozesses.
- Auswertungsmöglichkeiten für die Registrierungsinformationen und verknüpfen dieser Informationen mit Ergebnissen aus den Umfragen sowie dem F&A Bereich.
- Einige Anbieter ermöglichen das Tracking der Aufmerksamkeit der Teilnehmer/innen während des Webinars – indem angezeigt wird, wer die Webinaranwendung auf dem eigenen Rechner nicht mehr im Vordergrund hat.
- Broadcasten des Webinars auf Videoplattformen; damit besteht die Chance viele hundert oder tausend Teilnehmer/innen gleichzeitig zu erreichen.
- Fragen & Antworten; diese Funktion bietet übersichtliche und strukturierte Möglichkeiten, Fragen der Teilnehmer/innen aufzunehmen und zu beantworten.
- Automatisches Verschriftlichen des Webinars.

Datenschutz und Datensicherheit

Beim Datenschutz und bei der Datensicherheit achten Sie auf die Vorschriften der DSGVO; unter anderem schreibt die DSGVO bei Nutzung von IT-Dienstleistern eine Vereinbarung zur Auftragsdatenverarbeitung vor. Bei Anbietern außerhalb des EU-Raums achten Sie zusätzlich darauf, dass ein angemessenes Datenschutzniveau zumindest durch den Abschluss der sogenannten EU-Standardvertragsklauseln erreicht wird.[4]

Sie können und müssen aber selbst einen wesentlichen Beitrag zur Sicherstellung des Datenschutzes leisten. Viele Datenschutzeinstellungen müssen im Back-End (also auf der Administrationsebene) der Webinarsoftware konfiguriert werden.

Zu den wesentlichen Bausteinen gehören:

---

[3]Auch hier unterscheiden sich die konkreten Funktionsumfänge in Abhängigkeit von der jeweiligen Webinar-Software.

[4]Informieren Sie sich gründlich und holen Sie gegebenenfalls juristischen Rat ein.

- Mikrofone und Videokameras können nur von den Teilnehmer/innen selbst freigeschaltet werden.
- Teilnehmerliste nicht anzeigen.
- Zustimmungserklärung der Teilnehmer/innen für die Aufzeichnung des Webinars.
- Hinweis darauf, dass die Anmeldenamen der Teilnehmer/innen im Chat zu sehen sind.
- Hinweis darauf, dass bei Nutzung von F&A auch anonyme Fragen gestellt werden können.
- Webinare mit Password einrichten – auch für den Telefonzugang.
- Webinare mit Registrierung einrichten (unerwünschte Teilnehmer/innen werden nicht eingelassen).
- Falls Sie (aus persönlichen oder institutionellen Gründen) nicht mit Registrierung arbeiten wollen, so arbeiten Sie mit der Warteraum- oder Lobby-Funktionalität.
- Konfigurieren des Verschlüsselungs-Niveaus.
- Konfigurieren der Funktionalität „Teilen von Anwendungen" versus „Teilen des Bildschirms".

Zur Einstellung der Webinarsoftware

Neben den bereits genannten Einstellungen zum Datenschutz, empfehle ich Ihnen aus Funktionalitätsgründen einige Standardeinstellungen für ihre Webinar-Software. Diese variieren von Anbieter zu Anbieter; folgende Einstellung haben sich auf Basis meiner Erfahrungen als hilfreich und angemessen erwiesen[5]:

- Bei Webkonferenzen schalten Sie grundsätzlich die Mikrofone und die Videokameras der Teilnehmer und Teilnehmerinnen aus. Dies ist ein Aspekt der Fairness und der Fürsorgepflicht gegenüber Ihren Teilnehmern – nicht jeder kann die Webinar-Lösung so bedienen, wie es erforderlich ist, um die eigene Privatsphäre zu schützen. Schon mancher hat versehentlich ein Videobild und einen privaten Kommentar veröffentlicht, die nicht für die Öffentlichkeit bestimmt gewesen sind.

---

[5]Zu den spezifischen Audio- und Videoeinstellungen der Webinarsoftware – siehe Abschn. 2.2 und 2.3.

- Ein weiterer Grund für das Stummstellen der Mikrofone der Teilnehmer/innen liegt darin, dass Sie als Moderator/in verantwortlich für die Dramaturgie und für das wirksame Momentum des Webinars sind; wollen Sie tatsächlich, dass jeder – zu jeder Zeit – jede Frage über das Mikrofon stellen darf? Besser ist es, die Q&A/F&A-Funktionalität freizuschalten und die Mikrofone zu schließen.
- Sperren Sie die Remotesteuerung anderer Bildschirme.
- Öffnen Sie den privaten Chat sowohl zwischen Teilnehmer/innen als auch in Richtung Moderator/in.[6]
- Schalten Sie den Zutrittston und die Zutrittsansage aus.
- Geben Sie allen Teilnehmer/innen das Recht ein eigenes Protokoll zu führen.
- Geben Sie den Datei-Transfer frei – allerdings beschränkt auf die Formate PDF und JPG.
- Sperren Sie die Funktion zum Kommentieren und Annotieren in Webinaren – in Webbesprechungen sollten Sie diese jedoch freigeben.
- Nutzen Sie Aufmerksamkeitsverfolgung oder Attention Tracking in Webinaren, um für die eigenen Webinare einen Qualitätsverbesserungsprozess aufzusetzen[7] – in Webbesprechungen schalten Sie diese grundsätzlich ab.
- Sperren Sie das Teilen von Anwendungen oder Bildschirminhalten durch die Webinarteilnehmer/innen – für Webmeetings geben Sie sowohl das Teilen von Bildschirminhalten als auch von Anwendungen frei; informieren aber im Vorfeld die Teilnehmer/innen zu den Unterschieden.
- Anonymisieren Sie grundsätzlich die Auswertung von Umfragen.

Zum Abschluss folgender Hinweis – beschäftigen Sie sich bitte intensiv mit den Einstellungen ihrer Webinar-Software; gehen Sie nicht davon aus, dass die voreingestellten Parameter für ihre Zwecke, für Ihre Zielgruppe, für ihre Themen und für ihre Teilnehmerzahlen angemessen und hilfreich sind.

---

[6]Wenn Sie selbst mit dem privaten Chat arbeiten, so achten Sie vor dem Absenden einer Chat-Nachricht unbedingt auf den richtig eingestellten Empfänger – schon mancher Moderator und manche Moderatorin haben persönliche Informationen an den falschen Adressaten gechattet.

[7]Nur wenn Sie erkennen, an welcher Stelle ihre Teilnehmer/innen aus dem Webinar aussteigen, haben Sie die Chance, Verbesserungen einzuarbeiten; dies kommt letztendlich auch ihren Teilnehmer/innen zugute.

2.2 Audio

Die Audio-Technik ist zusammen mit der Stimme und Sprache des Moderators oder der Moderatorin ein wichtiger Baustein ihres Webinarerfolgs. Denken Sie an ihre eigenen Erfahrungen; wie oft waren Sie ärgerlich über eine schlechte Tonqualität in Webinaren – und wie oft hat sich das in ihrer negativen Einstellung gegenüber dem Veranstalter manifestiert.

Dabei kann mit wenigen, einfach umzusetzenden Maßnahmen die Audio-Qualität deutlich verbessert werden. In diesem Kapitel werden die technischen Möglichkeiten beschrieben; im Abschn. 3.7 dann die sprachlichen und im Abschn. 3.8 die stimmlichen Möglichkeiten, die Ihnen zur Verfügung stehen.

Im Mittelpunkt der Audio-Technik steht die Wahl eines guten (besser eines anforderungsgerechten) Mikrofons; an ein geeignetes Mikrofon für Webinare werden folgende Anforderungen gestellt:

An erster Stelle steht die **Funktionsweise** des Mikrofons. Kondensatormikrofone bieten die beste und natürlichste Qualität und werden typischerweise in Studioumgebungen eingesetzt. Diese Mikrofone sind empfindlich und sollten deshalb nicht eingesetzt werden, wenn Sie häufig mit dem Mikrofon ihren Arbeitsplatz wechseln – dann empfehlen sich dynamische Mikrofone (als Groß- oder Kleinmembranmikrofon), die deutlich robuster sind.

Als **Schnittstelle** empfehle ich Ihnen USB-Mikrofone, die Sie direkt an ihren Rechner anschließen können; deren Qualität reicht für Sprachaufnahmen absolut aus.

Mikrofone bieten unterschiedliche Möglichkeiten der **Ausrichtung** auf akustische Quellen; die gängigsten sind die nierenförmige und die kreisförmige Richtcharakteristik. Um Nebengeräusche zu vermeiden, sollten Sie ein Mikrofon wählen, das Sie auf eine nierenförmige Charakteristik einstellen können.

Der dritte Auswahlaspekt bezieht sich auf den **Aufstellungs- und Tragekomfort** des Mikrofons. Hier werden Standmikrofone, Ansteckmikrofone (Lavaliermikrofone) und Mikrofone als Teil eines Headsets (also mit In-Ear-, Over-Ear- oder On-Ear-Kopfhörern) unterschieden.

Wenn Sie den Aufwand (sowohl vom Handling als auch vom Preis) eines Ansteck-Mikrofons scheuen, nutzen Sie ein Standmikrofon. Standmikrofone bieten in Abhängigkeit von der Funktionsweise einen breiten Übertragungsbereich; Standmikrofone haben jedoch den Nachteil, dass sie sehr empfindlich reagieren auf Veränderungen des Abstands zwischen Sprecher/Sprecherin und Mikrofon. Ansteckmikrofone kompensieren diesen Nachteil; in aller Regel reicht ein kabelgebundenes Ansteckmikrofon bei einer Einzelmoderation. Headsets gibt es in einem breiten Preis- und Qualitätsspektrum – auch der Tragekomfort ist in Abhängigkeit von der Bauform sehr unterschiedlich. On-Ear-Headsets mit nur einem Hörer; bieten die Chance mit dem anderen Ohr „in der Welt zu bleiben".

Wenn Sie das Webinar gemeinsam mit Anwendungs- oder Fachexperten in einem Diskussions- oder Interview-Setting aus **einem** Besprechungsraum oder Studio heraus moderieren wollen, dann empfehle ich Ihnen unbedingt ein Konferenztelefon (mit Telefoneinwahl für die Audio-Teilnahme) oder mehrere Mikrofone (die Sie über ein Mischpult koppeln). Lautgestellte Desktop- und Mobiltelefone sind wegen der schlechten Mikrofonqualität für diese Aufgabe nicht geeignet. Versuchen Sie auch, durch richtige Mikrofonpositionierung und -einstellung einen Raumklang oder ein Raumecho zu vermeiden.[8]

Sie brauchen für ein gutes Sprachmikrofon keine hohen Ausgaben zu tätigen; lassen Sie sich im Fachhandel beraten und Sie werden überrascht sein, wie Sie mit geringem finanziellem Einsatz eine sehr gute Audioqualität erzielen können.

Ich arbeite in meinen Webinaren vorzugsweise mit einem Ansteck-Mikrofon und einem externen Lautsprecher. Ich mag keine Kopfhörer aufsetzen – Kopfhörer sind wenig kleidsam und Kopfhörer beeinträchtigen ihre Stimme und damit ihre Sprecherwirkung.[9]

Zum Abschluss dieser Auswahlempfehlungen erinnere ich nochmals daran – Studien zeigen, eine gute Tonqualität leistet einen erheblichen Beitrag für den Erfolg ihres Webinars (TechSmith 2018).

Zur Einstellung der Audio-Technik

Der Ausgangspegel ihres Mikrofons schwankt in Abhängigkeit von der jeweiligen Aufnahmesituation. Mithilfe des Gain-Reglers am Mikrofon erhöhen oder reduzieren Sie den Ausgangspegel. Stellen Sie ihr Mikrofon so ein, dass Sie selbst bei ihren lautesten Sätzen deutlich unter dem Pegelniveau der Klangverzerrung (dem sogenannten Clipping) bleiben. Da sich ihre Aufnahmesituation von Webinar zu Webinar unterscheiden kann, prüfen Sie bitte vor **jedem** Webinar ihre Mikrofoneinstellungen.

---

[8]Alle Webinar-Lösungen bieten die Möglichkeit, ihren Ton vor Beginn zu testen – bitte machen Sie das vor **jedem** Webinar.

[9]Aber jedem steht es natürlich frei, sich nach eigenem Duktus in der Webinaröffentlichkeit zu präsentieren.

Wie sollten Headset oder Mikrofon positioniert werden? Der Ton wird erzeugt durch das Schwingen der Stimmbänder im ausatmenden Luftstrom; aber die Nasen- und Stirnhöhlen und der Brustkorb bringen ihn erst zum Klingen. Deshalb ist es nicht notwendig (wegen der Zisch- und Verschlusslaute) sogar störend, das Mikrofon direkt vor dem Mund zu positionieren. Standmikrofone werden etwa 30 cm vor dem Mund positioniert; Headset-Mikrofone werden auf Kinn- oder Kehlkopfhöhe positioniert.

Während Sie als Moderator oder Moderatorin durch die Auswahl ihrer Audio-Technik und der richtigen Einstellung dieser Technik für eine gute Audio-Qualität sorgen können, erleben Sie aufseiten der Teilnehmer/innen häufig eine schlechte Audio-Qualität – Netzwerk-/Internetstörungen, Nebengeräusche, Raumecho, Rückkopplungen, Plop- und Zischgeräusche sowie Mikrofonrauschen sind die häufigsten Qualitätsprobleme.

Bedenken Sie also, dass die Teilnehmer/innen häufig ihre eigene Tonqualität nicht geprüft haben und auch keine Erfahrung damit haben, wie stark eigene Nebengeräusche insgesamt das Webinar stören.

Die Einstellung zur Freischaltung der Mikrofone für Teilnehmerinnen und Teilnehmer variiere ich in Abhängigkeit von der Teilnehmerzahl; bei Web-Meetings biete ich bis etwa zehn Teilnehmern die Möglichkeit, sich selbst frei oder stumm zu schalten – ich schalte jedoch niemals Mikrofone von Teilnehmer/innen direkt frei; die direkte Stummschaltung hingegen kann geboten sein, wenn zu viele Nebengeräusche in das Web-Meeting hineingetragen werden.

Bei Webinaren – also ab etwa zehn Teilnehmer/innen konfiguriere ich die Audiotechnik so, dass die Mikrofone grundsätzlich stumm geschaltet sind[10]. Nur in Ausnahmefällen, zum Beispiel wenn ich den Teilnehmerkreis bereits kenne und/oder der Teilnehmerkreis ausreichend Webinar-Erfahrung hat, biete ich ebenfalls die Möglichkeit an, sich selbst frei oder stumm zu schalten.

Ich, als Moderator, starte stets mit stummem Mikrofon – wie leicht überträgt man sonst letzte Checks bereits an die Teilnehmer/innen. Auch die Mikrofone der Teilnehmerinnen und Teilnehmer sind zu Beginn grundsätzlich stumm geschaltet, sodass auch dort ausgeschlossen ist, dass Stör- und sonstige Geräusche übertragen werden. Während des Webinars variiere ich dann, wie beschrieben, in Abhängigkeit von der Teilnehmerzahl, ob ich die Möglichkeit der eigenen Freischaltung biete oder ob ich diese sperre.

---

[10]Nochmal; Sie wollen sicherlich nicht, dass jeder, zu jeder Zeit, jede Frage stellen kann.

2.3   Video, Licht und Hintergrund

Bevor im Folgenden die notwendige Videotechnik und deren Einstellung beschrieben wird, formuliere ich ein paar grundsätzliche Hinweise und Gedanken zum Videoeinsatz in Webinaren.

Ich empfehle, Moderatoren- und Teilnehmer-Webcam nur punktuell zu nutzen – zum Beispiel für die Begrüßung, die Vorstellung der Beteiligten, für die Beantwortung von Fragen gegen Ende des Webinars und für die Verabschiedung.[11]

Warum ist der Einsatz von Teilnehmer- und Moderatoren-Video kaum hilfreich, um die Teilnehmeraufmerksamkeit zu verbessern?

Mehrere Herausforderungen, die in der Regel schlecht gemeistert werden, sprechen gegen den Videoeinsatz:

- Die genutzten Webcams haben eine sehr kurze Brennweite und sind oben auf dem Display befestigt oder eingebaut; das führt dazu, dass der typische Weitwinkel-Effekt entsteht, mit manchmal unschönen Porträtaufnahmen und Riesen-Händen – wollen Sie sich so öffentlich zeigen?
- Viele Teilnehmer/innen schauen von oben nach unten in ihre Webcam; was aus Sicht der anderen Teilnehmer/innen zur typischen Froschperspektive führt – wollen Sie so wirken?
- Wenn Sie mithilfe von Folien präsentieren, so werden Sie während der Präsentation auf ihren Bildschirm und die Folien schauen und nicht in die Kamera – bei den Teilnehmer/innen entsteht dadurch der Eindruck, nicht gemeint zu sein.
- Die notwendige Beobachtung des Chats, der Teilnehmerliste sowie der F&A-Funktionalität zwingt Sie ebenfalls auf den Bildschirm und nicht in die Kamera zu schauen.
- Viele Teilnehmer/innen nutzen ein Notebook (13-15 Zoll Bildschirmgröße) – damit wird ihr Videobild neben den geteilten Visuals sehr klein dargestellt und Sie sind kaum zu erkennen.
- Die Kamera korrigiert keine Lichtprobleme (anders als unser Auge); ungünstiger Lichteinfall von der Seite, von oben oder von hinten lässt Sie in einem schlechten Licht erscheinen.

---

[11]Das ist anders als beim Web-Meeting; dort können Sie mit den kleineren Teilnehmerzahlen auch intensiver mit Video arbeiten.

- Viele Webcams geben im Hintergrund interessante Einblicke in das private oder das berufliche Arbeitsumfeld – das kann in bestimmten Situationen gewünscht sein, ist in der Regel aber eher unerwünscht.

Ich kenne aus meinen Seminaren Verfechterinnen und Verfechter der Webcam-Nutzung für Webinare. Häufig heißt es dann; ich brauche die aktuellen Reaktionen meiner Teilnehmer/innen oder aber ich wirke besser, wenn ich zu sehen bin. Wenn Sie also meine Argumente nicht überzeugen, dann achten Sie bitte auf eine zumindest semi-professionelle Licht- und Videotechnik; dazu gehören:

- Eine qualitativ hochwertige Webcam, die Sie in mindestens 2 m Entfernung in Augenhöhe positionieren.[12]
- Ein Scheinwerfer (idealer Weise ein Ringlicht oder falls Sie Brillenträger/in sind eine Softbox), der ihr Gesicht ausleuchtet.
- Ein möglichst neutraler Hintergrund; verzichten Sie auf (häufig stark ablenkende[13]) Marketing-Rollups Ihres Unternehmens und reduzieren Sie bitte ihre „Kreativität" in der Gestaltung eines virtuellen Greenscreen-Bildes für den Hintergrund – beides lenkt vom Kern ihres Webinars ab.[14]
- Wenn Sie den neutralen Hintergrund noch etwas strukturieren wollen, so nutzen Sie einen zweiten Scheinwerfer zum Ausleuchten (das reduziert gleichzeitig den Schattenwurf ihres Frontscheinwerfers).

Zum Abschluss noch eine Empfehlung; üben Sie den kontinuierlichen Blick in die Kamera, wenn Sie mit ihren Teilnehmerinnen und Teilnehmern sprechen – nur so entsteht bei den Teilnehmer/innen der Eindruck adressiert und gemeint zu sein. Manchmal höre ich das Argument; in einem Seminar schaue ich die Teilnehmer/innen ja auch nicht kontinuierlich an. Das Argument trägt nicht, denn in einem Seminar sind Sie kontinuierlich körperlich präsent. Deshalb orientieren Sie sich bei der Umsetzung ihrer Webinare nicht an ihren Seminarerfahrungen,

---

[12]Sie können auch eine Spiegelreflex- oder Systemkamera einsetzen und diese hardwaremäßig/softwaremäßig als Webcam konfigurieren.

[13]Das ist eigentlich auch das Ziel von Roll-Ups.

[14]Wenn Sie zum x-ten Mal die Golden Gate Bridge als Hintergrund gesehen haben, sind Sie wahrscheinlich auch gelangweilt und ihre positive Grundstimmung ist dahin.

sondern schauen Sie zu den Werkzeugen und Verhaltensmustern der Massen-kommunikation.[15]

Zur Einstellung der Video-Technik

In den Einstellungen ihrer Webinar-Lösung legen Sie fest, ob die Webcam der Teilnehmer/innen zu Beginn des Webinars freigeschaltet ist und ob Sie den Teilnehmer/innen überhaupt die Möglichkeit geben, ihre eigene Webcam einzuschalten.

Aus Gründen des Datenschutzes und der Fürsorge für meine Teilnehmerinnen und Teilnehmer sperre ich grundsätzlich die Möglichkeit, die eigene Webcam selbst freizuschalten – nicht jeder kennt sich gut genug aus, um sicherzustellen, dass keine unerwünschten Bilder gezeigt werden.

Ich selbst starte meine Webinare ohne eigene Webcam und aktiviere diese erst zur Begrüßung; danach schalte ich das Video wieder aus und konzentriere mich auf die Präsentation, den Chat, F&A sowie die Teilnehmerliste – häufig schalte ich gegen Ende des Webinars für die Beantwortung der Fragen meine Webcam dann nochmals frei.

Ich aktiviere den HD-Modus für die Übertragung (das hängt jedoch von ihrer Internet-Bandbreite ab) und sorge dafür, dass mein Video beim Sprechen hervorgehoben wird. Außerdem aktiviere ich meine Video-Vorschau, bevor ich einem Meeting beitrete.

Ich arbeite mit einem einfachen Fotostudio-Hintergrund, der durch Scheinwerfer strukturiert wird.

Abschließend noch ein Tipp, um mehr Aufmerksamkeit zu gewinnen. Positionieren Sie sich im Video nicht mittig, sondern seitlich versetzt. Beachten Sie also bei der Bildaufteilung den goldenen Schnitt und die Drittelregel; positionieren Sie sich auf der rechten Drittellinie in der Vertikalen und ihre Augen im Schnittpunkt dieser Vertikallinie mit der oberen horizontalen Drittellinie (Abb. 2.2). Die Aufmerksamkeit der Teilnehmer liegt dann auf ihrem Gesicht und ihren Augen. Die langweilige Position in der Mitte kommt häufig daher, dass in Notebooks die Webcam grundsätzlich mittig eingebaut wird – das bedeutet

---

[15]Denken Sie an die Massenkommunikation im Fernsehen oder auf YouTube; wären Sie nicht auch irritiert, wenn der Moderator oder die Moderatorin Sie nicht anschauen würde? Warum akzeptieren Sie das immer noch in Webinaren?

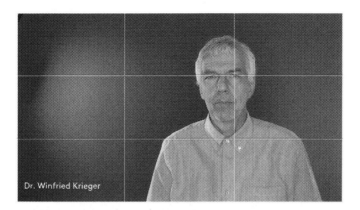

Dr. Winfried Krieger

Abb. 2.2 Die Drittel-Regel für mehr Aufmerksamkeit

natürlich auch dass Sie diesen Tipp nur umsetzen können, wenn Sie mit einer separaten Webcam arbeiten.[16]

Ein zusätzlicher positiver Effekt dieser Asymmetrie liegt darin, dass Sie ein Roll-Up oder andere Informationen zu Ihrem Unternehmen auf der freien Seite positionieren können, ohne im Weg zu stehen.

2.4 Persönliche Rahmenbedingungen

Die persönlichen Rahmenbedingungen sind persönlich. Deshalb ist es schwer, generalisierte Hinweise und Empfehlungen zu geben.

Eines halte ich jedoch für wichtig. Ähnlich wie beim Jonglieren, werfen Sie bei einem Webinar viele Bälle in die Luft (Inhalte, Visuals, Sprache und Stimme, Chat; Video- und Audio-Steuerung, F&A, Teilnehmerliste) und wollen diese während des Webinars auch in der Luft halten. Meine Erfahrungen zeigen, dass Checklisten dabei sehr hilfreich sind.

Ich arbeite grundsätzlich mit vier Checklisten; Arbeitsplatz-Checkliste (mit diesen wesentlichen Check-Punkten: Arbeitsplatz und Stehpult störungsfrei,

---

[16]Auch hier hilft wieder der Blick zu den Werkzeugen der Massenkommunikation; haben Sie jemals mittig positionierte Moderatorinnen oder Moderatoren gesehen?

Sound und Video geprüft, Präsentationsmodus des Rechners angeschaltet, Hintergrundapplikationen gestoppt, kabelgebundenes Netzwerk als Back-Up, Telefone stumm, Getränk, Papier und Stift), Checkliste zu den Einstellungen der Webinarsoftware (siehe die Abschn. 2.1 bis 2.3), Checkliste für den Start des Webinars (zur Gestaltung der ersten 5 min siehe Abschn. 3.4), Checkliste für das Ende des Webinars (von der Beantwortung der Fragen bis zum Call-to-Action).

Nehmen Sie alles in die Checklisten auf, was Sie persönlich brauchen, um sich während des Webinars wohl zu fühlen.

Noch ein Hinweis zum Wohlfühlen – da schießen manche Moderatorinnen und Moderatoren über das Ziel hinaus. Sie fühlen sich zwar allein an ihrem Arbeitsplatz oder im Home-Office, aber Sie sind mit ihren Teilnehmerinnen und Teilnehmern über Audio und manchmal auch über Video auf den Bildschirmen der Teilnehmer/innen präsent. Bitte verhalten Sie sich so, als wären Sie in einem gemeinsamen analogen Besprechungs- oder Vortragsraum und würden ihre Teilnehmerinnen und Teilnehmer von Angesicht zu Angesicht sehen.

Und noch ein allerletzter Hinweis zum Wohlfühlen – wählen Sie Ihre Kleidung gemäß dem Anlass und so, dass Sie sich wohlfühlen. Aber vermeiden Sie dominierende weiße und schwarze Kleidung sowie kleingemusterte Kleidung. Ansonsten würde die automatische Belichtung ihrer Webcam vor großen Herausforderungen stehen, um ihr Gesicht angemessen wirken zu lassen.

Arbeitsfragen:

1. Haben Sie die Bedienung der Webinar-Software als Moderator/in und als Teilnehmer/in ausreichend geübt und können Sie Fragen zur Bedienung aus Sicht der Teilnehmer/innen beantworten?

2. Welche Konfigurationseinstellungen ihrer Webinar-Software haben Sie unter dem Gesichtspunkt Datensicherheit und Datenschutz geprüft?

3. Wie vergegenwärtigen Sie sich, dass Sie nicht allein an ihrem Arbeitsplatz sind, sondern mit Video und Ton zu Gast bei ihren Teilnehmer/innen?

Wie Sie wirksame Webinare konzipieren 3

Zu Beginn – was ist „Wirksamkeit" im Kontext von Webinaren. Allgemein sind Texte, Filme, Theaterstücke, Druck (physikalisch und sozial) oder Medikamente wirksam, wenn Menschen dadurch verändert werden.

Sie wollen mit ihren Webinaren wirksam werden, das heißt ihre Teilnehmer/innen sollen ihr Verhalten ändern (zum Beispiel ihre Produkte und Dienstleistungen kaufen) oder ihre Einstellung ändern (zum Beispiel Ihnen vertrauen). Immer geht es darum, Veränderungen anzustoßen und Vorhandenes zu irritieren – anders formuliert; Neues zu lernen und Altes zu verlernen.

Wenn Sie Webinare konzipieren, stehen Sie also vor elementaren didaktischen Fragen; ihre Webinar-Konzeption muss Antworten auf diese Fragen finden.

Wir werden in diesem Kapitel mit motivationalen und neurowissenschaftlichen Aspekten der Didaktik beginnen. Diese bilden die Basis für wirksame Webinare. Im Anschluss gestalten wir die Bausteine eines wirksamen Webinars; dazu gehören die Zielgruppendefinition, die Themenauswahl, die Interaktion zwischen Ihnen als Moderator/in und den Teilnehmer/innen, die Gestaltung der Folien und Visuals sowie ihre Sprache und Stimme.

3.1 Das didaktische Fundament

Drei Gedächtnisbereiche sind in unseren Gehirnen für das Lernen verantwortlich; das sensorische Gedächtnis (auch Ultrakurzzeitgedächtnis), das Arbeits- oder Kurzzeitgedächtnis und das Langzeitgedächtnis.

Diese Art, der neurologischen Betrachtung unserer Gehirnaktivitäten, bezieht sich auf die Stufen, die eine Information aus der Umwelt durchläuft, bis wir diese längerfristig in unserem Wissens- und Verhaltensrepertoire zur Verfügung haben.

© Springer Fachmedien Wiesbaden GmbH, ein Teil von Springer Nature 2020
W. Krieger, *Webinare – alles ganz anders hier!*, essentials,
https://doi.org/10.1007/978-3-658-31332-6_3

Wobei dieser Prozess durch eine hilfreiche Didaktik unterstützt aber auch durch eine ungeeignete Didaktik gestört oder sogar verhindert werden kann. Sie können also den Lernerfolg ihrer Teilnehmer/innen (und damit ihre gewünschte Wirkung) beeinflussen. Aber innere Lernprozesse sind nur strukturell an das Außen gekoppelt und können damit auch nicht von außen determiniert werden. Im Rahmen dieser strukturellen Kopplung werden nur solche Kopplungen wahrgenommen, die das Gehirn versteht und die es verwenden kann, um interne Strukturen mittels Informationsverarbeitung an äußere Anforderungen anzupassen (Luhmann und Baecker 2009, S. 121). Von außen wirkende Irritation und Reizung aktivieren die Resonanz des inneren Systems und erzeugen Wirkungen. Diese zeigen sich in einem Informationsverarbeitungsprozess, beispielsweise neue Gedanken im eigenen Bewusstsein, in der Umlenkung der Wahrnehmung auf die äußere Störstelle oder in der kommunikativen Behandlung der Störung (Luhmann und Baecker 2009, S. 127). Das bedeutet, Lernanstöße von außen wirken nur, wenn dadurch innere Resonanz mit vorhandenem Wissen entsteht.

Wie laufen nun Lernprozesse auf neuronaler Ebene grundsätzlich ab?

Das sensorische Gedächtnis verarbeitet kontinuierlich die mit unseren Sinnen wahrgenommenen Informationen – also sehen, hören, riechen, schmecken und fühlen. Das Wahrgenommene bleibt nur für kurze Zeit im sensorischen Gedächtnis; visuelle Wahrnehmungen etwa 250–500 Millisekunden, auditive Wahrnehmungen etwa 2–3 s. Nach dieser Zeit werden diese Informationen entweder verworfen oder sie werden im Kurzzeitgedächtnis encodiert (Abb. 3.1).

Damit wir eine Information encodieren (also nicht verwerfen), müssen zwei Voraussetzungen erfüllt sein; zum ersten müssen wir unsere ausschließliche Aufmerksamkeit auf diese Information legen und zum zweiten muss diese Information für uns relevant sein. Die Einstufung einer Information als relevant hängt wiederum am Gefahrenpotenzial der Information, an der Neuartigkeit der Information sowie am Grad der emotionalen Aufladung der Information.

Damit haben wir drei erste basale Möglichkeiten zur didaktischen Einflussnahme; machen Sie Ihre Themen, Inhalte und Informationen neuartig, emotional und gefährlich (gefährlich, weil ihre Teilnehmer/innen möglicherweise ihre aktuelle Wohlfühlposition verlassen müssen).

Im Arbeitsgedächtnis werden diese encodierten Informationen verarbeitet; das heißt, wir ordnen und systematisieren und versuchen diese Informationen mit bereits Bekanntem zu verbinden.

Im Arbeitsgedächtnis werden Informationen bis zu 20 min gespeichert. Die Informationen werden während dieser Zeit in das Langzeitgedächtnis übertragen (konsolidiert) oder sie werden einfach gelöscht und vergessen. Das Arbeitsgedächtnis ist begrenzt und die kognitive Belastungskapazität darf nicht

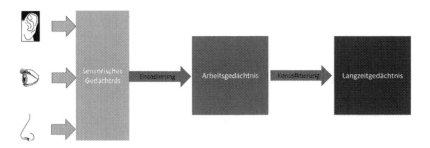

Abb. 3.1 Stufen der neurologischen Informationsverarbeitung

überschritten werden; ansonsten werden Lerneffekte erschwert oder sogar unmöglich[1]. Die Kapazität des Arbeitsgedächtnisses hängt auch maßgeblich vom Vorwissen bezüglich des jeweiligen Themas ab. Je leichter die Anbindung des neuen Wissens an bereits vorhandenes Vorwissen gelingt, umso leichter können hohe kognitive Belastungen ausgehalten werden.

Aber auch der gegenteilige Effekt kann eintreten; wenn Sie die kognitive Kapazität ihrer Teilnehmer/innen unterfordern, tritt Langeweile verbunden mit der Reduzierung der Aufmerksamkeit ein. Von hoher Bedeutung ist deshalb die möglichst homogene Definition ihres Teilnehmerkreises. Nur so können Sie das Wissen, die Vorkenntnisse und das Niveau des Interesses am Thema bei der Gestaltung ihrer Webinare berücksichtigen.

Die Konsolidierung im Langzeitgedächtnis ist in dieser Phase sehr störanfällig und die Informationen sind davon bedroht wieder gelöscht und vergessen zu werden. Erst im Laufe der nächsten Stunden und Tage gelingt es, Informationen wirklich langfristig zu speichern.

Welche Möglichkeiten bestehen, die Konsolidierung im Langzeitgedächtnis zu unterstützen? (Arndt und Sambanis 2017, S. 170–183).

Auch in dieser Phase der Informationsverarbeitung können Emotionen helfen, die „Speicherung" von Inhalten zu verstärken; dies passiert sowohl bei negativen als auch bei positiven emotionalen Verknüpfungen mit den Inhalten – wobei negative Emotionen insbesondere das Vermeidungslernen unterstützen. Wie

---

[1]Sie kennen sicherlich aus Seminaren und Vorträgen das Gefühl; jetzt wird mir das zu viel, jetzt kann ich nicht mehr folgen, jetzt schalte ich ab.

bereits weiter vorne beschrieben, kann eine positive emotionale Grundstimmung zusätzlich die Aufmerksamkeit der Teilnehmer und Teilnehmerinnen fördern.

Ein weiterer wichtiger Baustein zur Verbesserung der Konsolidierung ist die erneute Anregung der ursprünglich angestoßenen neuronalen Aktivität – also Wiederholung oder modifizierte Wiederholung. Das ist im Rahmen der kurzen Zeitdauer eines Webinars herausfordernd; deshalb ist die Nachbetreuung des Webinars so wichtig (siehe Abschn. 4.7).

Ein dritter Baustein besteht darin, die Relevanz der Informationen zu vertiefen, indem gezeigt wird, dass andere (als kompetent ausgewiesene) Personen sich mit diesen Inhalten beschäftigen. Das greift den Nachahmungsaspekt des Gehirns auf – das Gehirn nimmt an, dass das Verhalten oder der Inhalt wahrscheinlich wichtig sind. Das kann durch die Einbindung von Experten und Expertinnen erfolgen (siehe Abschn. 3.9).

Der letzte Baustein besteht darin, durch sozialen Austausch über die Informationen, die Konsolidierung zu verstärken. Dies ist für einzelne Webinare herausfordernd; das ist jedoch ein wichtiger Aspekt bei Integration von Webinaren in Blended Learning Konzepte (Krieger und Hofmann 2018).

Aufbauend auf diesem neurowissenschaftlichen Fundament werden an die Webinardidaktik folgende Forderungen gestellt:

Bieten Sie **Anknüpfungen** an vorhandenes Wissen, vorhandene Erfahrungen oder vorhandene Lebenswirklichkeiten, um Informationen für die Teilnehmer/innen relevant zu machen.

Erzeugen Sie **Aufmerksamkeit.** Aufmerksamkeit wird verstanden als Hinwendung zu etwas bestimmtem unter gleichzeitiger Nichtbeachtung von etwas anderem (Arndt und Sambanis 2017, S. 59). Konkret – ihre Teilnehmerinnen und Teilnehmer sollen ihrem Webinar folgen und nicht gleichzeitig ihre eMails bearbeiten. Wegen der begrenzten Ressourcen unserer Wahrnehmungs- und Verarbeitungskapazität wäre eine wirkliche Gleichzeitigkeit nur für automatisierte Handlungen möglich (Arndt und Sambanis 2017, S. 67). So können also ihre aufmerksamen Teilnehmer/innen problemlos während eines Webinars essen oder trinken; sollten Sie jedoch eMails beantworten oder Telefonate führen, so verlässt ihre Aufmerksamkeit das Webinar.

Ein bekanntes Modell aus dem eLearning, das ARCS-Modell, zielt unmittelbar auf ein aufmerksamkeitsförderndes Design von Lern- und Trainingsveranstaltungen. Auch für Webinargestaltung sind einige dieser Aspekte relevant und sollten genutzt werden. Die fünf Prinzipien dieses Modells lauten: Attention – Aufmerksamkeit und Neugier herstellen; Relevance – Verbindungen zwischen den Lerninhalten und den Zielen der Teilnehmer herstellen; Confidence – Vertrauen zu den Teilnehmer/innen aufbauen; Satisfaction – Positive Gefühle bezüglich der eigenen Lernerfahrungen fördern; Self-Regulatory – Selbstkontrolle und Selbstregulierung der Teilnehmer fördern (Keller 2008). Bei der Übersetzung dieses Modells auf die Konzeption von Webinaren spielen die Gestaltung der Visuals sowie Sprache und Stimme eine entscheidende Rolle.

Ein vergleichbares Konzept hat Gagné entwickelt, er formuliert neun Schritte für einen erfolgreichen Lernprozess: Anfangsaufmerksamkeit herstellen, Ziele vorstellen, mit vorhandenem Wissen verknüpfen, zielorientierte Inhalte anbieten, lernorientiert führen, Praxisrelevanz anbieten, Feedback anbieten, Rückmeldungen einfordern, Lebens- und Arbeitsumfeld der Teilnehmer/innen berücksichtigen. Einige dieser Schritte können Sie direkt zur Gewinnung von Aufmerksamkeit nutzen (Pappas 2015).

Bieten Sie **kontinuierlich neue Informationen.** Achten Sie darauf, dass keine Langeweile aufkommt. Langeweile ist der Gegensatz von konzentriertem und fokussiertem Denken und Arbeiten. Im Kontext von Lehren und Lernen wird Langeweile als negative Emotion beschrieben[2]. Langeweile wird auf mangelnde Stimulation zurückgeführt – Langeweile kann aber auch eine Reaktion auf zu komplexe und übermäßige Informationsangebote sein (Arndt und Sambanis 2017, S. 79) – packen Sie deshalb nicht zu viel in Ihre Webinare.

Fördern Sie die **Eigenmotivation** der Teilnehmer/innen. Traditionell wird zwischen intrinsischer und extrinsischer Lernmotivation unterschieden; intrinsische Motivation kommt aus dem inneren Selbst, während extrinsische Motivation von außen gesteuert wird. RYAN und DECI haben dieses Grundkonzept weiterentwickelt, indem sie diesen Gegensatz auflösten. Sie betonen die extrinsische Motivation, die über passive oder aktive Übernahme verinnerlicht und assimiliert wird (Ryan und Deci 2000). Zahlreiche Studien zeigen, dass die höchste intrinsische Motivation durch das eigene Gefühl von Kompetenz, Autonomie und sozialer Verbundenheit entsteht.

Bei der Webinargestaltung lassen sich diese Motivationsaspekte zumindest ansatzweise abbilden. So lässt sich beispielsweise der Aspekt der Autonomie durch die Begrüßungsformel „ich freue mich über **Ihre** Entscheidung, die nächsten 60 min an diesem Webinar teilzunehmen" betonen[3]. Die soziale Verbundenheit kann immer wieder dadurch gestützt werden, dass Sie die

---

[2]Im Urlaub mag das anders sein.

[3]Das klingt möglicherweise für einige von Ihnen banal; aber denken Sie bitte daran, dass über Sprache in den Köpfen ihrer Teilnehmer/innen gedankliche Frames angestoßen werden (siehe Abschn. 3.7).

Gemeinsamkeiten der Teilnehmenden betonen; und der Aspekt der Kompetenz kann durch Bezug zu Vorerfahrungen der Teilnehmenden hergestellt werden.

Zusätzlich sollten Sie in Webinarkontexten die extrinsischen Motive (wie Erfolg und Anerkennung) handlungswirksam machen, indem Sie die Teilnehmenden wertschätzen[4]. Damit steigt die Chance, dass die Ziele des Webinars verinnerlicht werden und damit steigen auch Interesse und Aufmerksamkeit.

Erzeugen und nutzen Sie **Emotionen.** Unser Gehirn braucht Emotionen zum Lernen. Über den Belohnungseffekt (aus der Gestaltung von online-Spielen bekannt) schenken Sie den Teilnehmern und Teilnehmerinnen persönlich oder beruflich gewinnbringende Informationen. Außerdem ist ihre Begeisterung für das Thema ein wichtiger emotionaler Effekt und manchmal gelingt es ihnen auch emotionale Erlebnisse der Teilnehmer/innen zu aktivieren[5].

Achten Sie auf **Langsamkeit und Pausen.** Machen Sie spätestens alle 20 min kurze mentale Erholungspausen für die Teilnehmer/innen, zum Beispiel durch eine kurze Zwischenzusammenfassung oder durch eine kurze Umfrage. Wählen Sie Ihr Sprechtempo etwas langsamer als in einem analogen Präsenz-Seminar. Abschließend – noch einmal – halten Sie die Gesamtdauer von 60 min ein.

3.2 Zielgruppe und Ziele

Die Abgrenzung und Definition der Zielgruppe ist nicht wichtig, weil Sie Zielmärkte für ihre Dienstleistungen und Produkte haben, sondern sie ist deshalb so wichtig, weil nur mit homogener Zielgruppe die Inhalte an vorhandenes Wissen und vorhandene Erfahrungen der Teilnehmer/innen angedockt werden können. Das ist elementare Voraussetzung, um Informationen als relevant einzustufen und zu encodieren.

Jede Veranstaltung, jeder Vortrag (egal ob analog oder digital) benötigt zu Beginn eine Definition der Zielgruppe und eine Beschreibung der Ziele dieser Zielgruppe in Bezug auf das gewählte Thema. Während aber bei analogen Formaten zumindest leichte Korrekturen während der Veranstaltung möglich sind, ist das bei digitalen Veranstaltungen (wegen des nicht vorhandenen

---

[4]Die Menschen nehmen sich schließlich die Zeit an ihrem Webinar teilzunehmen und zeigen Interesse an ihrem Thema.

[5]Beispielsweise positive oder negative eigene Erlebnisse mit dem Thema des Webinars.

Rückmeldekanals) nicht möglich. Deshalb hat die trennscharfe Zielgruppendefinition bei der Webinarplanung und -gestaltung einen besonders hohen Stellenwert. Wie konkret und umfassend sollte diese sein? Beschreiben Sie möglichst genau die fachlichen und erfahrungsmäßigen Voraussetzungen für die Webinarteilnahme; sonst erzeugen Sie Enttäuschung und Frustration. Dies gilt sowohl für Überblicksseminare, wo Sie keine spezifischen Voraussetzungen definieren (damit aber auch erfahrene Teilnehmer/innen außen vorhalten wollen), als auch für sehr spezifische Fachwebinare, wo Sie hohe fachliche Voraussetzungen definieren (damit unerfahrene Teilnehmer/innen außen vor bleiben).

Die Zielgruppe sollte zusätzlich zu ihren fachlichen Voraussetzungen und mitgebrachten Erfahrungen aber auch in ihrem Fachwissen und in ihrer hierarchischen Stellung definiert werden; zusätzlich sollte auch die Stärke des Interesses am Thema eingeschätzt werden. Wer hier noch mehr hilfreichen Aufwand treiben will, kann das Konzept der „Personas" aus der Marketing-Kommunikation nutzen. Hier werden Zielgruppen sehr detailliert beschrieben, sodass auch für die Sprachwahl mit Metaphern und Frames sowie für die Inhalte und deren Aufbereitung weitere Anregungen gewonnen werden können.

Bei der Festlegung der Webinarziele ist die Kernfrage „Was soll nach der Teilnahme für die Teilnehmer/innen anders sein?". Geht es nur darum Interesse zu wecken oder geht es um die Vorstellung von Lösungen oder geht es darum, Kompetenzen zu gewinnen. Das Ziel wird unmittelbar aus der gewünschten Veränderung hergeleitet.

3.3 Teilnehmerorientierung

Die Hinwendung zu ihren Teilnehmer/innen ist für digitale Veranstaltungen ungleich herausfordernder abzubilden, als für analoge Präsenzveranstaltungen. Letztendlich geht es aber immer um ihre Haltung gegenüber den Teilnehmer/innen; und diese Haltung wird sich (ob Sie es wollen oder nicht) über ihre Sprache und Stimme sowie ihr Agieren im virtuellen Raum transportieren.

Lehren und vermitteln Sie der Zielgruppe etwas mit Relevanz und mit direktem Bezug zu deren persönlicher und beruflicher Wirklichkeit. Sie werden auf diesem Weg ihre spezifische Kompetenz in diesem Thema herausstellen und dadurch nachhaltige Wirkungen erzielen.

Auch an dieser Stelle gilt, wie bei jedem Lehr-Lern-Prozess, verknüpfen Sie die Informationen und Inhalte mit Ihren persönlichen Erfahrungen und entwickeln Sie daraus ein passendes Konzept.

Nicht immer wird es Ihnen gelingen, mit ihrem Thema die Teilnehmer/innen voll spannender Erwartungshaltung auf ihrem Schreibtischstuhl zu fesseln – aber es gibt viele Möglichkeiten, Themen so aufzubereiten, dass Menschen 60 min interessiert dabeibleiben. Ihre Teilnehmer/innen sollten nach dem Webinar das Gefühl haben, etwas gelernt zu haben und interessante Informationen mitgenommen zu haben, die für ihre beruflichen oder privaten Ziele hilfreich sind. Wichtige Bausteine der Teilnehmerorientierung sind:

- Erzählen Sie eine Geschichte (neudeutsch gerne Storytelling), die Sie mit dem aktuellen Leben ihrer Teilnehmer/innen verknüpfen.
- Arbeiten Sie an ihrer Stimme damit Ihr Engagement, ihre Begeisterung und ihre Passion deutlich werden.
- Zeigen Sie in der Begrüßung ihr Gesicht und sich als Person, um eine Verbindung zu ihren Teilnehmern und Teilnehmerinnen aufzubauen.
- Bringen Sie praktische und für die Zielgruppe relevante Beispiele[6].
- Nutzen Sie stimmige Visuals.
- Wenn Sie Informationen wiederholen oder Pausen einbauen oder bewusst langsamer oder bewusst leiser sprechen, wird dies das Gefühl der Zuwendung bei den Teilnehmer/innen erhöhen – aber, seien Sie vorsichtig; falls das zu häufig genutzt wird, langweilen Sie Ihre Teilnehmer/innen.
- Suchen und nutzen Sie Humor – seien Sie entspannt und locker.
- Nutzen Sie eine normale ihrem Thema angemessene Sprache, vermeiden Sie (sogenannte) wissenschaftliche Sprache und vermeiden Sie Substantivierungen.
- Nutzen Sie die Interaktionsmöglichkeiten der Webinar-Software.
- Entwickeln Sie eine innere Einstellung, als ob Sie durch die Kamera und das Mikrofon direkt am Arbeitsplatz ihrer Teilnehmer/innen sind.

3.4   Drehbuch

Das Drehbuch für Ihr Webinar soll die Qualität in Bezug zu ihren Teilnehmer/innen sichern. Der Detaillierungsgrad wird durch ihre Erfahrungen bestimmt – mit wachsender Webinarerfahrung reicht es wahrscheinlich, nur die Eckpunkte

---

[6]Für eine Zielgruppe von mittelständischen Unternehmen bringen Sie bitte keine Beispiele aus Konzernen aber auch keine Beispiele vom Bäcker um die Ecke.

festzulegen. Das Drehbuch konzentriert sich auf die folgenden wichtigen Bausteine:

- Das fachliche und inhaltliche Angebot für die Teilnehmer und Teilnehmerinnen.
- Abgeleitet aus der Zielgruppendefinition werden der Nutzen für die Zielgruppe und die Inhalte beschrieben.
- Die Eröffnung des Webinars setzt den Tonus für die gesamte Veranstaltung und lenkt die Aufmerksamkeit von Beginn an in die gewünschte Richtung.

 Zur Eröffnung gehören die Vorstellung des Moderators/der Moderatorin und der anderen Sprecher und Sprecherinnen, die Erläuterung des geplanten inhaltlichen Webinarablaufs (Nutzung des Chats und/oder Nutzung von F&A) sowie die Erklärung der technischen Rahmenbedingungen (Mikrofon- und Video-Nutzung, Aufzeichnung des Webinars).

 Die Erläuterung des geplanten zeitlichen Webinarablaufs gibt den Teilnehmerinnen und Teilnehmern die Struktur für die bevorstehenden 60 min; wegen der eingeschränkten Nachfragemöglichkeiten und wegen des Störpotenzials solcher Nachfragen (zum Beispiel im Chat) muss der Ablauf zu Beginn kommuniziert werden[7].

- Die Interaktionen während des Webinars; ihre Art sowie deren zeitliche Position werden festgelegt.
- Die Dauer der einzelnen Präsentationssequenzen, die entweder von unterschiedlichen Beitragenden oder aber für einzelne Kapitel von ihrer eigenen Präsentation bestimmt werden[8].
- Die Gestaltung der Fragen und Umfragen sowie mögliche Kommentierungen der Antworten.
- Die Gestaltung des Abschlusses mit Call-to-Action

Bauen Sie kurze mentale Erholungspausen ein; denken Sie an die vorne beschriebenen neuronalen Grundlagen (Abschn. 3.1). Dies ist beispielsweise durch einen kurzen Rückblick auf das vorhergehende Kapitel und einen kurzen

---

[7]In jedem analogen Seminar ist es selbstverständlich, dass Sie zu Beginn am Flipchart oder mithilfe von Folien die zeitlichen, organisatorischen und didaktischen Rahmenbedingungen vorstellen. In Webinaren wird dies leider häufig versäumt.

[8]Während es bei analogen Vorträgen und Seminaren einfach nur ärgerlich ist, wenn geplante Zeiten nicht eingehalten werden; verlassen in Webinaren die Teilnehmer/innen bei Zeitüberschreitung die Veranstaltung.

Ausblick auf das folgende Kapitel möglich. Das bietet den Teilnehmer/innen die Chance, relevante Informationen in Richtung Langzeitgedächtnis zu kodieren – und Nichtrelevantes zu verwerfen.

3.5 Visuals

In der Regel wird in Webinaren mit vorbereiteten Folien zur Unterstützung des gesprochenen Wortes gearbeitet. Sehr viel lebendiger wären beispielsweise live gescribbelte Folien oder Whiteboards – das erfordert jedoch sehr viel Übung und sehr viel Praxis, damit Sie Technik, Inhalte und Teilnehmende „unter einen Hut" bekommen. Ich konzentriere mich deshalb hier auf Hinweise für die Gestaltung von Folien.

Ein erster wichtiger Hinweis: „Ja, bitte unbedingt Folienschlachten!"

Diese vielleicht provokante Empfehlung macht nochmals den Unterschied zwischen Präsenzseminaren und -vorträgen einerseits sowie Webinaren andererseits deutlich.[9]

Mein zweiter wichtiger Hinweis heißt: „Vermeiden Sie Rauschen!". Dieser aus der Physik beziehungsweise der Kommunikationstechnik[10] entlehnte Begriff soll verdeutlichen, dass auf Folien alles weggelassen werden sollte, was die Kernbotschaft beeinträchtigt. Die weitverbreitete Unsitte, Logos, Datum, Verfasser/in, Veranstaltungsname, Copyrighthinweise auf jede Folie zu schreiben, sind schlechte Beispiele für solches Rauschen.

Übersetzt auf die Foliengestaltung für Webinare bedeutet dies:

Ein Gedanke pro Folie und für diesen einen Gedanken nur wenig Text; die Schriftgröße auf den Folien sollte nicht unter 20' – besser nicht unter 24' liegen[11]. Sie können diesen einen Gedanken auch mithilfe eines Bildes oder

---

[9]Wobei gute Seminarfolien sich bereits immer dadurch ausgezeichnet haben, dass sie wenig Text beinhalten und dass mehr Folien mit jeweils weniger Text eingesetzt werden. Leider ist die Wirklichkeit so, dass Folienkopien oft als Hand-Outs genutzt werden und deshalb viel Text enthalten – das widerspricht allen didaktischen und neurowissenschaftlichen Empfehlungen.

[10]Rauschen steht für eine unspezifische Störgröße, die die Kommunikation zwischen Sender und Empfänger beeinträchtigt.

[11]Bedenken Sie bei der Schriftgröße; Sie teilen ihren Bildschirm während des Webinars und viele Teilnehmer/innen nehmen mit einem Notebook teil (13' bis 15'). Am besten testen Sie die Sicht für die Teilnehmer/innen aus, indem Sie ihr Fenster auf die typische Notebookgröße verkleinern und dann die Lesbarkeit einschätzen.

Eine Idee pro Folie

Abb. 3.2 Reduzierung der Folieninhalte – Foto von Benjamin Wong/Unsplash

einer Grafik visualisieren; ich finde das allerdings häufig herausfordernd – es gibt unendlich viele Bilder und Fotos im Netz, aber es ist schwer visuelle Prägnanz für den eigenen Gedanken zu finden (Abb. 3.2).

Die einzelne Folie soll etwa 1 min zu sehen sein; dann kommt die nächste Folie. Diese Empfehlung knüpft daran an, dass Veränderung und Wechsel hilfreiche Werkzeuge sind, um Aufmerksamkeit zu erzeugen (siehe Abschn. 3.1) (Abb. 3.3).

Jede Veränderung sensibilisiert uns als Menschen und erzeugt neue Impulse für unser Gehirn. Wenn Sie hingegen auf einer Folie fünf, sechs Anstriche haben; und sieben, acht Minuten auf einer Folie bleiben, dann haben nach 20s alle Teilnehmer/innen die Folie durchgelesen und ein Drittel geht dann mal schnell zwischendurch in den eigenen E-Mail Account („ich versäume ja nichts – ich habe ja gesehen, was jetzt kommt"). Aber damit steigt das Risiko, dass Sie zuerst die Aufmerksamkeit und dann auch die Teilnehmer/innen verlieren.

Vielleicht wenden Sie nunmehr ein, dass Sie aber eine komplexe Darstellung (zum Beispiel ein Ablaufdiagramm) zeigen müssen, da sonst ihr Thema einfach nicht „rund" wird. Mein Vorschlag – dann versenden Sie diese Folie im Vorfeld an die Teilnehmer/innen, indem Sie diese an ihre Webinar-Erinnerung anhängen (siehe Abschn. 4.3) oder versenden Sie diese während des Webinars, indem Sie den Dateiversand aus dem Chat aktivieren. Im Webinar zeigen Sie dann nur eine

Eine Folie pro Minute

Abb. 3.3 Reduzierung der Standzeit einer Folie – Foto von Debby Hudson/Unsplash

vergröberte beziehungsweise entschlackte Version dieser komplexen Darstellung. Die Teilnehmer/innen sollen während des Webinars auf Sie, ihre Stimme und auf den Kern ihrer Botschaft konzentriert bleiben.

Ein weiterer Grund für den häufigen Folienwechsel liegt darin, den sogenannten FOMO-Effekt (fear of missing out) zu nutzen. Also der sozialen Angst, etwas zu versäumen. Zwar ist Angst als negative Emotion ein schlechter Lernmotivator, aber wie im Abschn. 3.1 beschrieben, kann der umsichtige Einsatz hilfreich sein. Die kurze Standzeit der Visuals/Folien weckt die Befürchtung bei den Teilnehmer/innen, etwas zu versäumen und deshalb lieber dabei bleiben zu wollen.

3.6 Interaktion

Interaktion mit ihren Teilnehmerinnen und Teilnehmern ist erstens ein wichtiger Baustein, um deren Aufmerksamkeit zu binden und intensiviert zweitens das Gefühl des **einen** gemeinsamen Raums und stärkt damit das Gefühl des gemeinsamen sozialen Lernens.

Aufmerksamkeit und sozialer Bezug sind elementare Voraussetzungen für das Enkodieren und damit der Umwandlung der bereitgestellten Informationen in neuronale Repräsentation.

Die möglichen Interaktionen, die Ihnen zur Verfügung stehen, lassen sich nach zwei Kriterien gruppieren; zum ersten die Unterscheidung danach ob diese ihren Teilnehmerinnen und Teilnehmern unabhängig vom gewählten Zugang in das Webinar (vergleiche Abschn. 2.1) zur Verfügung stehen; sowie zum zweiten die Unterscheidung danach, ob das Interaktions-Werkzeug Teil der genutzten Webinar-Lösung ist oder ob es sich um ein ergänzendes externes Werkzeug handelt.

Die wichtigsten Interaktion-Werkzeuge, die allen Teilnehmer/innen zur Verfügung stehen, sind:

- F & A/Q & A
  Fragen und Antworten (gerne auch englischsprachig Questions and Answers) bieten eine strukturierte und webinarbegleitende Möglichkeit, für die Teilnehmer/innen Fragen zu stellen. Wenn Sie zu Beginn des Webinars den Ablauf erläutern und beschreiben, dass diese Fragen am Ende gemeinsam beantwortet werden, so entspricht dies in etwa der analogen Vorgehensweise während eines Seminars. Dort werden Fragen auf dem Flip-Chart notiert und am Ende gebündelt beantwortet.
  Ergänzend besteht für alle Teilnehmer/innen die Möglichkeit, während des Webinars bereits von anderen gestellten Fragen zu ergänzen, zu modifizieren

oder selbst zu beantworten. Gleichzeitig haben Sie als Moderator/in die Chance (im Gegensatz zum Chat) die Fragen und Antworten einfacher zu strukturieren und ähnliche Fragen zusammenfassend zu beantworten.

Trotzdem hat keine Teilnehmerin und kein Teilnehmer das Gefühl mit seinen oder ihren Fragen ignoriert zu werden.

Allerdings kommen Sie bei Web-Konferenzen mit sehr vielen Teilnehmer/innen an die Grenzen dieses Interaktionswerkzeugs, da es Ihnen nicht gelingen wird, in angemessener Zeit alle Fragen zu beantworten – damit erzeugen Sie Enttäuschung beziehungsweise Sie müssen von Beginn an verdeutlichen, dass Sie nur ausgesuchte Fragen beantworten werden[12].

- Ja/Nein Fragen
  Geschlossene ja/nein-Fragen sind eine gute Möglichkeit zur Interaktion bei großen Teilnehmerzahlen. Sie stellen diese Frage mündlich oder visuell mithilfe einer Folie und stellen eine Alternative (ja oder nein) zur Verfügung; durch Hand aufzeigen (virtuelles Hand aufzeigen) bitten Sie um Zustimmung zu der vorgeschlagenen Alternative.
  Durch mündliche Rückmeldung spiegeln Sie die Ergebnisse zu den Webinarteilnehmer/innen zurück.

- Umfragen
  Umfragen in der Form Single-Choice oder Multiple-Choice bieten ergänzend zu ja/nein-Fragen eine weitergehende Interaktion. Wichtig ist, dass Sie die Ergebnisse der Umfrage inhaltlich kommentieren und nicht einfach nur die Zahlen vorlesen, die die Teilnehmer/innen ja eh sehen. Wichtig auch, dass Sie die Frage vorlesen und dass Sie ebenfalls die Alternativen vorlesen, auch wenn Sie das parallel mithilfe des Webinar-Werkzeugs anzeigen[13]. Konfigurieren Sie die folgende Ergebnisanzeige so, dass die Teilnehmer/innen nur den jeweiligen Prozentsatz der Antwortenden sehen.

- Offene Fragen
  Offene Fragen bieten die intensivsten Interaktionsmöglichkeiten. Formulieren Sie auf einer Folie oder auch nur per Mikrofon eine offene Frage (eine typische W-Frage). Die Antworten erbitten Sie dann im Chat; bei Teilnehmerzahlen von zehn oder zwölf können Sie auch versuchen, dass die Teilnehmer/innen ihr Mikrofon freischalten und direkt per Mikrofon antworten. Erfahrungsgemäß

---

[12]Das ist für eine Webinar-Reihe einfacher, in diesen Fällen können Sie nicht beantwortete Fragen als Input für das nächste Webinar nutzen.

[13]Sie überbrücken damit die Wartezeit während die Teilnehmer/innen ihre Antworten markieren.

führen offene Fragen zu Beginn eines Webinars allerdings nur zu relativ wenigen Antworten, da die Teilnehmer/innen häufig noch zurückhaltend sind. Deshalb empfiehlt es sich, mit einer geschlossenen ja/nein Frage zu beginnen und auf dieser Basis dann weitere offene Fragen zu formulieren.

- Chat
  Der Chat ist das am häufigsten eingesetzte Interaktionstool, obwohl Sie dieses Angebot für die Teilnehmer/innen stets kritisch überdenken sollten. Einerseits bietet der Chat jederzeit die Möglichkeit untereinander und mit Ihnen in Kontakt zu treten, andererseits reduziert der Chat das Momentum ihrer Präsentation, weil Sie unter Umständen immer wieder unterbrochen werden.
- Feedback durch Symbole
  Die Aufforderung durch Symbole zwischendurch Feedback zu geben, ist nur mäßig aktivierend. Trotzdem ist der Hinweis beispielsweise auf „Daumen hoch", „Daumen runter", „Klatschen", „Schneller" hilfreich, um einen Impuls in Richtung der Teilnehmenden zu setzen.

Weitere Interaktionswerkzeuge, die möglicherweise (in Abhängigkeit von der eingesetzten Webinar-Software) die Installation einer App auf den Rechnern der Teilnehmer/innen erfordern, sind die folgenden:

- Whiteboard
  Das Whiteboard ermöglicht, Ideen aus dem Kreis der Teilnehmer/innen zusammengefasst und strukturiert darzustellen. Da Sie immer nur eine Bildschirmseite des Whiteboards zeigen können, Sie aber eine ausreichend große Schriftgröße wählen müssen, geraten Sie bei der Whiteboard-Nutzung im Webinar schnell an ihre Grenzen.
- Download von Unterlagen und von Hand-Outs über den Chat
  Der Download von Unterlagen ist ein sehr motivierendes Feature im Rahmen eines Webinars. Zum einen entsteht der emotionale Effekt, dass ich etwas vom Referenten/der Referentin geschenkt bekomme, zum zweiten können Sie Informationen weitergeben, die über die Inhalte des Webinars hinausgehen. Überlegen Sie aber bitte, genauso wie in einem analogen Seminar, **wann** die Verteilung von Unterlagen hilfreich ist, ohne dass die Aufmerksamkeit von Ihnen und ihren Informationen abgezogen wird.
  Diese Interaktion des Downloads konkurriert unter didaktischen Aspekten mit den Materialien und Unterlagen, die nach dem Ende des Webinars verschickt werden, um einen ergänzenden Impuls zu setzen (Abschn. 4.7). Bei der Konfiguration der Webinar-Lösung sollten Sie das Format, in dem

Unterlagen verschickt werden können, beschränken. Empfehlenswert ist die Beschränkung auf das PDF- und JPG-Format.

- Einstellen einer URL in den Chat
  Unter dem Gesichtspunkt der Datensicherheit ist das bei großen Teilnehmerzahlen durchaus kritisch zu sehen. Bei den typischen Teilnehmerzahlen in Webinaren ist das jedoch eine gute Aktivierungsmöglichkeit – bedenken Sie bitte (wie beim Download), wann das in ihren Ablauf hineinpasst.

- Kommentieren und Annotieren auf den Visuals des Moderators/der Moderatorin
  Diese Funktion ermöglicht, Anregungen aus dem Kreis der Teilnehmer/innen zu ihren Visuals strukturiert aufzunehmen. Achten Sie darauf, dass nicht zu viel kommentiert wird, da Sie eine ausreichend große Schriftgröße vorgeben müssen; ansonsten kommen Sie schnell an die Grenzen der Lesbarkeit.[14]

Ich empfehle Ihnen, alle diese letztgenannten Interaktionswerkzeugen vorsichtig einzusetzen, wenn Sie unsicher sind, welchen Webinarzugang die Teilnehmer/innen gewählt haben.

Wenn Ihnen die integrierten Funktionalitäten der Webinar-Software nicht ausreichen, haben Sie die Möglichkeit **externe Tools** zu nutzen; primär werden Whiteboard-Tools und Umfrage-Tools eingesetzt. Externe Whiteboard-Tools bieten zusätzliche Möglichkeiten der Interaktion und stellen strukturierte Vorlagen zur Verfügung; externe Umfrage-Tools bieten verbesserte Auswertungs- und Anzeigemöglichkeiten, zum Beispiel von Wortwolken.

Externe Umfragetools bieten erst einen signifikanten Mehrwert bei vielen Teilnehmer/innen. Externe Whiteboards erfordern eine zusätzliche Einweisung für die Teilnehmer/innen. Bei allen externen Tools müssen Sie entweder mit mehreren Fenstern (was für Notebook-Bildschirme herausfordernd ist) oder mit einer zweiten Hardware (Bildschirm, Notebook, Handheld oder Smartphone) arbeiten. Ich setze externe Tools nur für Web-Besprechungen und eng begrenzt für Web-Konferenzen ein. Die Einbindung dieser Tools erfolgt dann über einen QR-Code (URL des externen Dienstes), der von Smartphones sehr einfach gelesen werden kann.

---

[14]Technisch gesehen, schreiben die Teilnehmer/innen nicht auf ihren Folien, sondern in der Webinar-Lösung – Sie können jedoch diese Kommentare speichern.

Zum Abschluss folgender Hinweis – je stärker Sie in Richtung Webmeeting gehen, je intensiver können Sie alle diese Interaktionstools sowie weitere, wie beispielsweise interaktive Landkarten zur geografischen Positionierung ihrer Teilnehmer/innen, nutzen (Klein 2015).

3.7   Sprache – Semantik, Frames und Metaphern

Sprechen Sie eine klare einfache Sprache, die von Verben geprägt ist. Geben Sie ihren Teilnehmerinnen und Teilnehmern auch immer wieder die Chance, Luft zu holen – und damit die Chance, Inhalte vom Ultrakurzzeitgedächtnis in das Arbeitsgedächtnis und vom Arbeitsgedächtnis in das Langzeitgedächtnis zu übertragen. Sprechen Sie also eher zu langsam, als zu schnell.

Nutzen Sie eine bildhafte Sprache mit angemessenen **Metaphern.** Metaphern sind eigentlich Bestandteil unserer alltäglichen Sprache[15], beim Lehren und Lernen entsteht jedoch manchmal ein pseudowissenschaftlicher Anspruch, der deren Nutzung verhindert. Metaphern durchdringen unsere Wahrnehmung, unser Denken und unser Handeln – sie konstruieren letztendlich unsere Wirklichkeit und eröffnen uns emotionale Zugänge zu vielen (häufig als sachlich bezeichneten) Themen. Metaphern sind grundlegende Elemente unserer Sprache und unseres Denkens – eines Denkens, das mit der Imagination verknüpft ist (Lakoff und Johnson 2018, S. 8–9).

Frames sind mentale Strukturen, die festlegen, wie wir die Welt sehen. Sie legen unsere persönlichen Ziele und Pläne fest, unsere Art zu handeln, wie wir gut und schlecht beurteilen sowie wie wir richtig und falsch einschätzen. Sie sind Teil unseres kognitiven Unbewussten.[16] Unsere Sprache ist stets und immer definiert in Bezug zu den Frames der anderen und zu unseren eigenen Frames (Lakoff und Wehling 2016). Je häufiger Sie bestimmte Frames bei ihren Teilnehmer/innen aktivieren, umso stärker wirken diese. Das bedeutet, wenn Sie für

---

[15]Metaphern (Sprachbilder) sind in unserer Sprache so stark integriert, dass wir sie häufig gar nicht mehr wahrnehmen; „Sie bringen ein Thema jemandem nahe"; „Sie treffen mit einer Bemerkung ins Schwarze"; „der Funke ihrer Idee springt über"; „Sie schieben einen Gedanken beiseite".

[16]Beispielsweise haben Sie über sprachliche Frames die Möglichkeit, „Digitalisierung" entweder als herausfordernd und schwierig zu framen oder als innovativ, voller Spaß und positiver Chancen zur eigenen Veränderung. Im politischen Funktionssystem wird das Konzept der Frames inzwischen umfänglich genutzt.

ihre Themen neue Frames bei ihren Teilnehmer/innen besetzen wollen, so müssen Sie diese Metaphern und Frames wiederholt benutzen – zum Beispiel auch beim Nachfassen zu den durchgeführten Webinaren.

Über Frames können Sie die Motivation ihrer Teilnehmer/innen verbessern, indem Sie Aufmerksamkeit herstellen und emotionale Aspekte herausfordern. Dazu setzen Sie sprachliche Frames und Metaphern ein, die das gemeinsame virtuelle Erleben betonen und positive emotionale Zugänge zum Thema des Webinars triggern.

Verdeutlichen Sie bitte auch den Expertinnen und Experten, die Sie in das Webinar holen (vergleiche Abschn. 3.9), den Stellenwert der benutzten Sprache für die Teilnehmerorientierung.

Zum Abschluss dieses Kapitels noch ein Hinweis zur Nutzung von Textmanuskripten:

Ob Sie sich ein Manuskript als Textvorlage erstellen, hängt von ihren individuellen Möglichkeiten und Potenzialen im freien Sprechen ab. Ich persönlich halte wenig davon, Texte und Formulierungen vollständig im Vorfeld auszuarbeiten und dann abzulesen – jede Authentizität geht damit verloren, und damit auch der so wichtige Live-Charakter eines Webinars.

Ich empfehle jedoch (insbesondere, wenn Sie noch nicht viel Übung in der Webinardurchführung haben), sich die ersten und letzten Minuten als Manuskript auszuarbeiten und diese dann als Sprechvorlage zu benutzen. Erfahrungsgemäß müssen Sie als Moderator oder Moderatorin zu Beginn des Webinars vieles gleichzeitig im Blick behalten (Teilnehmerliste, Chat, Mikrofone an/aus, Video an/aus, Bildschirm teilen, PowerPoint/Keynote-Präsentationsmodus, PowerPoint/Keynote-Clicker, F&A, Feedback über Symbole, Aufzeichnung des Webinars); da ist ein Manuskript hilfreich. Auch gegen Ende des Webinars haben Sie als Moderator/Moderatorin wieder mehrere Aufgaben parallel zu erledigen – außerdem kommt dem abschließenden Call-to-Action eine hohe Bedeutung für die Wirkung ihres Webinars zu; auch an dieser Stelle ist ein Manuskript hilfreich.

3.8 Stimme

Sokrates hat den Satz geprägt „Sprich, damit ich dich sehe". Über Stimme und Prosodie mit Tempo, Betonung, Satzmelodie, Rhythmus und Intonation zeigen wir unser Engagement für das Thema und unsere Teilnehmerhinwendung. Anders als Gestik und Mimik, können wir unsere Stimme nicht verstellen. Damit wird ihre Stimme zum wichtigsten Baustein der Gewinnung von Aufmerksamkeit im Rahmen des Webinars. Sicherlich gibt es unter Ihnen Naturtalente im

Mediensprechen – die meisten von Ihnen werden jedoch kein solches Talent und auch keine derartige Ausbildung haben[17]. Aber ihre Stimme hat bei Webinaren einen höheren Stellenwert als in einem Präsenzworkshop oder -seminar, denn ihre körperliche Präsenz steht Ihnen nicht zur Verfügung.

Ihre Stimme transportiert mehr über ihr Engagement und ihre Teilnehmerhinwendung als ein Videobild von ihnen. Das bedeutet aber auch, dass Sie ihre Stimme nicht verstellen können – anders als ihre Mimik oder auch ihre Gestik – und deshalb Engagement und Teilnehmerorientierung auch verinnerlicht sein müssen.

Empirische Studien zeigen, dass wir unser Gegenüber über die Stimme zuverlässiger einschätzen können, als über den äußeren Eindruck wie Mimik und Gestik (Kraus 2017). Die gleichzeitige Informationsaufnahme von Video und Audio verringert die Genauigkeit unserer Wahrnehmung. Gefühle und Stimmungen meines Gegenübers können dann am zuverlässigsten eingeschätzt werden, wenn ich mein Gegenüber nur höre[18]. Wobei die Aufmerksamkeit beim „Nur-Hören" besonders stark auf die nicht-sprachlichen Elemente der Prosodie gerichtet ist (Kraus 2017).

Was bedeuten diese wissenschaftlichen Ergebnisse nun für die Gestaltung von Webinaren?

Sie bedeutet an erster Stelle, dass die Stimme in den Fokus genommen werden muss:

- Achten Sie auf eine gute Audiotechnik.
- Üben Sie als Moderator oder Moderatorin im Webinar das freie Sprechen vor dem Mikrofon – selbst, wenn Sie bereits über viel Präsenzerfahrung verfügen.
- Verdeutlichen Sie auch den Expertinnen und Experten, die Sie in das Webinar einladen, die Bedeutung der Stimme.
- Fokussieren Sie sich positiv auf ihre Teilnehmerinnen und Teilnehmer.
- Stehen Sie während des Webinars; bewegen Sie sich – beides kommt ihrer Stimme und ihrer Überzeugungskraft zugute.

---

[17]Aber – falls Sie häufig Webinare durchführen, gönnen Sie ihrer Stimme ein paar Trainingsstunden.

[18]Haben Sie nicht vielleicht auch schon einmal die Augen geschlossen während Sie ein Musikstück hörten, um besser hören zu können?

- Gestikulieren und mimen Sie während des Webinars, weil ihre Stimme eine andere Dynamik bekommt. Verstehen Sie Sprechen und Stimme als ganzkörperlichen Prozess[19].

Ein abschließender Hinweis zu diesem Kapitel.

Ich halte den Einsatz von professionellen Sprechern und Sprecherinnen ohne entsprechenden fachlichen Hintergrund für wenig hilfreich in Webinaren – die Dynamik eines fachlich im Thema stehenden Referenten oder einer Referentin macht doch gerade die Stärke eines Webinars aus.

3.9   Erster Exkurs: Webinare zu zweit

Die Aufmerksamkeit der Teilnehmerinnen und Teilnehmer lässt sich verbessern, indem Sie das Webinar zu zweit durchführen. Dabei stehen drei grundsätzliche Alternativen zur Verfügung:

Zum ersten können Sie die Aufgaben während der Webinardurchführung in einen fachlichen und einen organisatorischen Teil trennen. Zum zweiten gibt es die Möglichkeit, externe Expert/innen oder Anwender/innen in ihre Seminare einzubinden. Dies kann entweder in der Form eines Dialogs zwischen gleichberechtigten Partnern erfolgen oder Sie können ein Interview durchführen. Die beiden letztgenannten Fällen bieten eine erfolgsversprechende Möglichkeit, um Sie oder Ihr Unternehmen (über die externe Expertin / den externen Experten) zusätzlich positiv zu positionieren. Anders als bei klassischen Seminaren, wo das mit hohen Zeit-, Kosten- und Reiseaufwendungen verbunden ist, bieten Webinare diese Chance sehr einfach und sehr kostengünstig.

In allen Durchführungsvarianten ist es notwendig, vorher die Rollen der Beteiligten zielorientiert zu besprechen und festzulegen.

Das **organisationsbezogene Setting** teilt die Aufgaben der Beteiligten in einerseits organisatorisch/administrative Aufgaben und andererseits in fachlich/inhaltliche Aufgaben. Die organisatorisch/administrativen Aufgaben

---

[19]Agieren Sie genauso, als wenn Sie in einem Präsenzseminar oder in einem Präsenzvortrag sind.

beinhalten die Unterstützung von Teilnehmer/innen bei technischen Problemen, die Beobachtung des Chat, Öffnen und Schließen von Umfragen sowie die Beobachtung der Mikrofon- und Video-Freischaltung sowie die Weitergabe von Moderatorenrechten. Die fachlich/inhaltlichen Aufgaben beinhalten die Präsentation und Vorstellung von thematischen Inhalten. Diese Variante der gemeinsamen Durchführung empfiehlt sich insbesondere für Menschen, die bisher wenig Erfahrung in der Durchführung eigener Webinare haben sowie für Webinare mit mehr als 30 Teilnehmer/innen.

Wenn Sie sich für das **Interview-Setting** entscheiden, dann fragen Sie sich bitte zuerst: wen wollen Sie nach was fragen?

Das Interview muss für ihre Webinar-Teilnehmerinnen und -Teilnehmer authentisch und relevant sein. Sie sollten für das Setting vorher klären (Haller 2013, S. 127),

- ob ihr Interview der Erklärung oder Einordnung eines Sachverhalts dienen soll; dann empfiehlt es sich einen Experten zu gewinnen[20];

oder

- ob es Ihnen eher darum geht, die Erfahrung eines direkt Beteiligten oder Betroffenen zu verdeutlichen; dann empfiehlt es sich einen Anwender oder eine Anwenderin einzuladen[21];

oder

- ob es Ihnen um Entscheidungshintergründe zu einem ausgewählten Thema geht; dann empfiehlt es sich, Verantwortliche als Interviewpartner einzuladen[22].

---

[20]„Sie forschen im Bereich der künstlichen Intelligenz. Warum ist künstliche Intelligenz heute auch für mittelständische Unternehmen von strategischer Bedeutung?"

[21]„Sie haben als kleines Unternehmen vor etwa einem Jahr begonnen, ihre Nachfrage mithilfe von Algorithmen der künstlichen Intelligenz zu analysieren. Was war Ihr persönlicher Auslöser, ein solches Projekt zu beginnen?"

[22]„Das BMWi fördert mit unterschiedlichen Projekten die Digitalisierung von kleinen und mittelständischen Unternehmen. Warum stellt das Ministerium hierfür erhebliche Mittel bereit und was ist das Ziel dieser Förderung?"

Diese Rollenverteilung muss im Vorfeld definiert werden und mit dem/der Interviewpartner/in abgestimmt werden. Gleichzeitig empfiehlt es sich, diese Rollenverteilung und die grundsätzlichen Fragen und Fragerichtungen im Drehbuch des Webinars festzuschreiben (siehe Abschn. 3.4).

Legen Sie ebenfalls fest, welche Rolle der Interviewer oder die Interviewerin in Bezug zu den Teilnehmern und Teilnehmerinnen ihres Webinars spielen soll. Vertritt er oder sie die vermuteten Interessen der Teilnehmer/innen und stellt entsprechende Fragen? Bedenken Sie bitte auch, dass es sich in diesem Setting immer um eine asymmetrische Kommunikation handelt; das heißt Interviewer fragt und Interviewpartner antwortet.

Das **Fachgesprächs-Setting** ist ein typisches Beispiel für eine symmetrische Kommunikation. Die Beteiligten dieses Fachgesprächs, dass typischerweise ohne Interviewer stattfindet, besprechen ein Thema aus unterschiedlichen Blickrichtungen und von unterschiedlicher Ausgangsposition her. Auch hier gilt wiederum, dass dieses Gespräch authentisch und relevant für die Webinar-Teilnehmerinnen und -Teilnehmer sein muss, das heißt das Gespräch ist ein interessengeleitetes reales Gespräch und kein gespieltes Gespräch.

In allen diesen Zweier-Settings achten Sie bitte konsequent darauf, dass die kundenorientierter Webinar-Qualität auch von ihren externen Expert/innen und Anwender/innen eingehalten wird (empfehlen Sie doch zur Vorbereitung einfach dieses *essential* ☺). Besprechen Sie Ton, Video und Visuals sowie Teilnehmer-Interaktion und testen Sie das vor dem Webinar – ich empfehle Ihnen dringend, dass ein bis zwei Tage vorher zu machen und nicht 5 min vor Beginn des Webinars.

3.10 Zweiter Exkurs: Vom Seminar zum Webinar

Nun werden Sie vielleicht sagen, naja, ich habe ja schon viel Erfahrung mit analogen Seminaren und mit Vorträgen gemacht – ich nehme einfach mal ein Seminar und präsentiere das als Webinar.

Machen Sie das bitte nicht – sondern nutzen Sie gerne die Anregungen des analogen Seminars, aber gehen Sie Schritt für Schritt alles, was für das Konzept ihres analogen Seminars notwendig war, nochmal unter den Restriktionen des Webinars durch.

Springen Sie nicht direkt von ihrem vorhandenen Seminar zu ihrem neuen Webinar – gehen Sie bitte nochmals in den Urschlamm ihrer Seminar-Konzeption zurück und vergegenwärtigen Sie sich Zielgruppe, Lernziele, Lerninhalte, Zeitpläne und Visuals ihres Präsenzseminars, um dann konkret zu schauen welche

Änderungen notwendig sind, um aus diesem Seminar ein Webinar zu machen. Die Leitplanken bei dieser Überarbeitung liegen in der zeitlichen Beschränkung der Webinardauer, der geringeren Aufmerksamkeitsspanne, der notwendigen Langsamkeit, der höheren mentalen Anstrengung für Teilnehmer/innen und Moderator/innen, der andersartigen Interaktion sowie der spezifischen visuellen Unterstützung.

Meine Empfehlung für den Weg vom Seminar zum Webinar lautet; investieren Sie bitte den Aufwand für eine gründliche Neubearbeitung des Themas – zufriedene Teilnehmerinnen und Teilnehmer werden es Ihnen danken.

Arbeitsfragen:

1. Was müssen Sie an ihren analogen Seminaren ändern, um diese als Webinare anzubieten?

2. Wie können Sie in Ihrer Organisation die Grundprinzipien einer wirksamen Webinar-Gestaltung verwurzeln?

3. Wie können Sie Kolleginnen und Kollegen aus ihrer Organisation gewinnen, selbst eigene Webinare durchzuführen?

Fünf Wochen für die Durchführung 4

Liebe Leserin und lieber Leser, Sie wollen nun loslegen mit Ihrem Webinar.

In diesem Kapitel schlagen wir ihnen einen Fünf-Wochen-Zeitplan vor. Ausgangspunkt dieses Zeitplanes ist es, ein offenes Webinar zu einem definierten Thema für eine definierte Zielgruppe zu konzipieren und durchzuführen.

4.1 Vier Wochen vor dem Webinarstart – konzipieren Sie die Inhalte

Etwa vier Wochen vor dem Webinarstart konzipieren Sie das Webinar und schaffen damit die Basis für die Webinar-Ankündigung und Webinar-Einladung.

Welche Aufgaben stehen konkret an:

Wie für jede Vortrags- und Seminarveranstaltung sind die Zielgruppe und das Thema festzulegen. Für Webinare hat die trennscharfe Festlegung der Zielgruppe einen hohen Stellenwert, da Sie (anders als im analogen Seminar) kaum während der Veranstaltung nachjustieren können. Zur Themenfestlegung blättern Sie bitte zurück in den Abschnitt. 1.4.

Im Rahmen der inhaltlichen Konzeption entscheiden Sie auch, ob und in welchem Umfang Sie Fach- und Anwendungsexpert/innen in das Webinar integrieren – allein, zu zweit oder zu mehreren.

Zu diesem Zeitpunkt legen Sie auch das Datum und die Uhrzeit des Webinars fest. Anders als bei Präsenzseminaren, wo Sie typischerweise An- und Abfahrtzeiten berücksichtigen, greifen bei der Webinarplanung andere Kriterien. Schauen Sie bitte gedanklich in die Terminkalender ihrer Zielgruppe; wann und an welchem Wochentag hat diese überhaupt die Möglichkeit teilzunehmen? Unsere Erfahrungen zeigen, dass ein Termin am frühen Nachmittag für Fach- und

© Springer Fachmedien Wiesbaden GmbH, ein Teil von Springer Nature 2020
W. Krieger, *Webinare – alles ganz anders hier!*, essentials,
https://doi.org/10.1007/978-3-658-31332-6_4

Führungskräfte gut angenommen wird; aber wenn ihre Zielgruppe beispielsweise aus dem Handwerksbereich kommt, dann gerät eher der späte Nachmittag in den Fokus.

Beginnen Sie bereits zu diesem Zeitpunkt die Visuals und die Teilnehmer-Interaktionen zu konzipieren. Es ist häufig so, dass Sie daraus Anregungen für ihr Webinarmarketing gewinnen.[1]

4.2   Drei Wochen vor dem Webinarstart – bewerben Sie das Webinar

Die Art und Weise sowie die eingesetzten Tools für das Webinarmarketing werden durch ihr eigenes Betriebs- und Marketingumfeld bestimmt. In der Regel werden Sie ihre unternehmensspezifischen Marketingtools einsetzen; wobei die konkrete Ausgestaltung stark von ihrer Zielgruppe beeinflusst wird. Vom traditionellen Einladungsbrief, über Verbands- und Fachzeitschriften, E-Mail- und Website-Marketing, Videomarketing bis zum Social Media Marketing werden Sie die gesamte Klaviatur bespielen.

Meine Erfahrungen aus vielen Gesprächen zeigen, dass sich 2–3 Wochen als Vorlauf zwischen der Webinar-Ankündigung und der Webinar-Durchführung als angemessen gezeigt haben.

Nutzen Sie die Chance, durch einen spezifizierten Registrierungslink zu erkennen, welcher ihrer Marketingkanäle besonders erfolgreich ist. Alle gängigen Webinar-Lösungen bieten diese Funktionalität.

4.3   Die Wochen bis zum Webinarstart – reduzieren Sie No-Shows

Als No-Show-Rate wird der Anteil der Teilnehmerinnen und Teilnehmer bezeichnet, die sich angemeldet haben, aber zum Webinar nicht erscheinen. Unsere Erfahrungen mit kostenfreien Webinaren zeigen, dass etwa 20 % der angemeldeten Teilnehmerinnen und Teilnehmer nicht zum Webinar erscheinen. Dies ist die negative Seite der gewünschten niedrigen Teilnahmeschwelle. Für

---

[1]Inhaltlich reichen für die Vorbereitung sicherlich auch ein bis zwei Wochen – entscheidend ist die rechtzeitige Ankündigung und das Marketing des Webinars.

Angemeldete ist es somit einfach, eigene Prioritäten zu verschieben, weil keine sozialen, emotionalen und ökonomischen Verpflichtungen eingegangen wurden. Sich anzumelden und nicht zu kommen, ist jedoch in den wenigsten Fällen schlechte Eigenorganisation, sondern fast immer eine Frage der persönlichen Prioritätensetzung – diese müssen Sie versuchen, im Vorfeld zu beeinflussen. Sie haben zwei grundsätzliche Möglichkeiten, die No-Show-Rate zu reduzieren.

Zum ersten ist es motivationsfördernd teilzunehmen, wenn Sie sehr zeitnah die Registrierungen der Teilnehmer/innen bestätigen und die Einwahldaten sowie einen Kalendereintrag bereitstellen. Alle Webinar-Lösungen bieten hierfür einen automatischen Ablauf. Hilfreich ist es zusätzlich, die Formulierung dieser Bestätigungen zugewandt und motivierend zu formulieren – die vorgegebenen Standardtexte sind häufig sehr dröge und sehr sachlich formuliert. Formulieren Sie persönliche und emotional aufgeladene Texte und verbessern Sie damit die Motivation zur Teilnahme.

Zum zweiten, reduzieren Sie die No-Shows, indem Sie die Angemeldeten mehrmals an den Termin erinnern. Auch dieser Erinnerungstext sollte nicht sachorientiert formuliert werden; sondern vielmehr die Motivation zur Teilnahme nochmals stärken. Wir erweitern die formalen Erinnerungen um einen besonderen Inhaltsaspekt aus dem Webinar oder um ein Testimonial zu einem bereits durchgeführten Webinar.

Wir erinnern unsere Teilnehmer/innen dreimal per eMail an den bevorstehenden Termin – eine Woche, einen Tag und eine Stunde vorher[2]. Unsere Erinnerungen erlauben auch die Stornierung der Webinarteilnahme; auch wenn dadurch ein negativer Frame angestoßen wird, eine Abmeldung gibt Nachrückern bei begrenzter Teilnehmerzahl die Möglichkeit teilzunehmen. Sie können die registrierten Teilnehmer/innen auch telefonisch erinnern; das ist eine hilfreiche Möglichkeit zur Reduzierung der No-Shows – aber auch sehr aufwendig.

Ein anderes Geschäftsmodell besteht darin, die Webinarteilnahme zu Bepreisen. In Abhängigkeit von der Höhe des Preises, wird sich die No-Show-Rate signifikant reduzieren. Gleichzeitig erhöhen Sie jedoch die Teilnahmeschwelle. Angemessene Preise sind für werthaltige Webinare am Markt durchsetzbar – gleichzeitig können Sie über Gutscheine die Teilnahmeschwelle für definierte Zielgruppen wieder senken.

---

[2]Alle gängigen Webinar-Lösungen und externen Veranstaltungslösungen bieten hierfür konfigurierbare Prozesse an.

4.4   Eine Stunde vor dem Webinarstart – checken Sie die Technik

Wenn Sie das Webinar allein durchführen, dann reichen 30 min – wenn Sie das Webinar gemeinsam mit Fach- oder Anwendungsexperten halten, dann beginnen Sie besser eine Stunde vor dem Webinarstart mit den konkreten Vorbereitungen. Zwei Felder müssen bearbeitet werden:

- Die Webinar-Einstellungen müssen überprüft werden; diese hängen wesentlich von der gewählten Webinarlösung ab. Wesentliche Elemente sind die Video- und Audio-Einstellungen, die F&A-Einstellungen, Sichtbarkeit der Teilnehmerliste, Konfiguration des Chats, Umfragen, Webinar-Aufzeichnung, Kommentarrechte, Annotationsrechte – meine Empfehlung lautet; machen Sie sich eine Checkliste (Abschn. 2.4).
- Überprüfen Sie ihren eigenen Arbeitsplatz. Dabei gestaltet jeder sein persönliches Umfeld nach eigenen Wünschen und Befindlichkeiten. Beispielhaft gehören hierzu; ungestörter Arbeitsplatz, Präsentationsmodus für eigenen Rechner, Ladezustand des eigenen Rechners, Folien-Clicker, Telefone stummgeschaltet, Sound- und Video-Check, visueller und akustischer Hintergrund des Arbeitsplatzes, Farbe und Muster ihrer Kleidung, Licht- und Beleuchtungssituation, Folien-Backup, Trinkflasche/Stift/Papier[3] – meine Empfehlung lautet auch hier; machen Sie sich eine Checkliste.

4.5   15 Minuten vor dem Webinarstart – fokussieren Sie sich

Fokussieren Sie sich vor Beginn des Webinars. In der typischen analogen Vortrags- oder Seminarsituation haben Sie vorher stets ausreichend Zeit anzukommen; Sie begrüßen die Teilnehmer/innen oder andere Vortragende und dann nimmt jeder langsam Platz und die Veranstaltung beginnt. Beim Webinar – Mikrofone (und eigenes Video) freigegeben – und mit einhundert Prozent los-

---

[3]Falls Sie noch wenig Übung in der Durchführung von Webinaren haben, empfehle ich Ihnen einen zweiten Rechner, auf dem Sie als Teilnehmer/in in das Webinar eingewählt sind – dann haben Sie immer die Sicht der Teilnehmer/innen im Auge.

laufen. Eine typische Startschuss-Situation[4]; deshalb legen Sie sich ihr eigenes mentales Vorbereitungsprogramm zurecht, damit bereits ihr erster Satz bei den Teilnehmer/innen kraftvoll ankommt[5].

Gehen Sie in Gedanken zu ihren Teilnehmer/innen; falls Sie jemanden persönlich kennen, können Sie (ähnlich wie im analogen Seminar/Vortrag) dort einen ersten „virtuellen" Orientierungspunkt für den Start fokussieren.

4.6 Während des Webinars – halten Sie Ihr Drehbuch ein

Spätestens fünf Minuten vor dem terminierten Beginn des Webinars betreten Sie den virtuellen Raum. Dies ist eine gute Gelegenheit die schon anwesenden Teilnehmerinnen und Teilnehmer informell zu begrüßen und einen kurzen Audio-Check durchzuführen. Danach teilen Sie Ihre Begrüßungsfolie und schalten sich nochmals stumm.

Sie beginnen pünktlich mit dem Webinar und warten nicht auf Zuspätkommende.

Während des Webinars nutzen Sie den Standardablauf (den Sie zumindest als Checkliste oder detaillierter als Drehbuch festgelegt haben):

- Begrüßen Sie die Teilnehmerinnen und Teilnehmer.
- Stellen Sie sich vor.
- Stellen Sie das Thema vor.
- Erläutern Sie Ablauf und Zeitplan.
- Erläutern Sie die Webinartechnik (Audio, Video, Chat, F&A, Feedback durch Symbole).
- Stellen Sie eingeladene Fachexperten oder Fachanwender vor.
- Frage oder Umfrage zur mentalen Öffnung stellen und Antworten besprechen.
- Starten Sie oder die Expert/innen die Präsentation.
- Nach 40 bis 45 min beenden Sie die Präsentation.
- Anschließend eröffnen Sie die Fragerunde.

---

[4]Jeder Leistungssportler und jede Leistungssportlerin nutzen eine persönliche mentale Vorbereitungsroutine vor dem Start.
[5]Beginnen Sie bitte nicht mit dem Satz „Hören Sie mich?".

- Stellen Sie zuerst die „Eisbrecherfragen" aus F&A oder Chat; dann erst die Live-Fragen.
- Schließen Sie nach 60 min die Fragerunde.
- Frage oder Umfrage zum mentalen Abschluss stellen und Antworten besprechen.
- Danken Sie den Teilnehmerinnen und Teilnehmern.
- Verabschieden Sie die Teilnehmerinnen und Teilnehmer mit einem Call-to-Action.

Damit ist das Webinar im engeren Sinne abgeschlossen. Aber es geht um nachhaltige Wirkung ihres Webinars und deshalb hat die sich anschließende Woche eine hohe Bedeutung, um die Wirksamkeit ihres Webinars zu verbessern.

4.7   Die Woche nach dem Webinarende – sichern Sie die Wirkung

Wie vorne beschriebenen, beginnt die Ausbildung von Wissensinhalten mit der Informationsaufnahme im sensorischen Gedächtnis, an die sich über Enkodierung und Konsolidierung die zweistufige Umwandlung dieser Informationen in neuronale Repräsentation anschließt. Diese Phase des Lernens ist mit dem Ende des Webinars nicht abgeschlossen. Die Konsolidierung im Langzeitgedächtnis ist noch instabil und davon bedroht wieder verloren zu gehen – also besteht die Gefahr, Informationen wieder zu vergessen.

Zahlreiche didaktische und neurowissenschaftliche Studien zeigen, dass Lerneffekte sich signifikant verbessern, wenn durch geeignete Maßnahmen die Konsolidierung im Langzeitgedächtnis unterstützt wird. Hilfreich sind folgende Maßnahmen (Arndt und Sambanis 2017, S. 170–183):

- Emotion
  Emotionen können die Konsolidierung von Inhalten verstärken; interessanterweise passiert dies sowohl bei negativer als auch bei positiver emotionaler Verknüpfung – wobei negative Emotionen besonders das Vermeidungslernen (was Sie zukünftig nicht mehr tun sollten) unterstützen. Sorgen Sie auch nach dem Webinarende bei den folgenden eMail-Kontakten für eine positive emotionale Haltung zum Webinar.
- Erneute Anregung durch Wiederholung,
  Eine zweite wichtige Unterstützung zur Verbesserung der Konsolidierung ist die erneute Anregung der ursprünglich angestoßenen neuronalen Aktivität – also Wiederholung oder modifizierte Wiederholung. Es empfiehlt sich primär

mit modifizierten Wiederholungen der Webinarinhalte zu arbeiten, da die exakt gleiche Wiederholung leicht Langeweile erzeugt.[6] Beispielsweise können die Teilnehmer/innen über verknüpfte Ideen oder über ergänzende Beispiele erneut angeregt werden, über die Webinarinformationen nachzudenken. Auch Aggregieren der Informationen sowie praxisrelevante Beispiele und Umsetzungen eignen sich, um einen erneuten fachlichen Impuls zu setzen.

Hilfreich ist es, wenn ein Bezug zur späteren Anwendung der Information (beispielsweise; wie werden sie ihren nächsten Einkaufsprozess gestalten?) hergestellt wird.

Wir stellen den Teilnehmerinnen und Teilnehmern als exakt gleiche Wiederholung die Aufzeichnung des Webinars zur Verfügung. Wir bearbeiten die Aufzeichnung, um Teilnehmerlisten, Chat sowie Fragen und Antworten zu löschen – somit wird nur die Präsentation der Inhalte als Aufzeichnung gemailt.[7]

- Soziale Relevanz
  Eine dritte Möglichkeit besteht darin, die Relevanz der Informationen zu vertiefen, indem gezeigt wird, dass andere Personen (möglichst solche zu denen eine positive Beziehung besteht) diese Inhalte nutzen. Das greift den Nachahmungsaspekt des Gehirns auf.
  Verknüpfen Sie im Nachfassen die Informationen des Webinars mit persönlichen Erfahrungen, entweder von ihnen selbst oder indem Sie Rückmeldungen von Teilnehmer/innen benutzen.

- Sozialer Austausch
  Die vierte Maßnahme versucht schließlich durch einen sozialen Austausch über die präsentierten Informationen und deren Anwendung die Konsolidierung zu verstärken.
  Das ist schwer umzusetzen mithilfe einzelner Webinare. Hilfreich ist es, Vertiefungswebinare oder Vertiefungsworkshops anzubieten. Auch die Erweiterung in Richtung einer Webinarreihe oder in Richtung eines Blended Learning Angebots kann die Lerneffekte deutlich verbessern.

---

[6]Erinnern Sie sich an ihre Schulzeit? An ihre Hausarbeiten und an die Wiederholungen im Unterricht? Das diente dazu, die Lehr-Lern-Inhalte zu vertiefen und bei der Konsolidierung im Langzeitgedächtnis zu helfen.

[7]Wir nutzen eine Videoplattform und stellen den Teilnehmer/innen einen passwortgeschützten Link zur Verfügung – so können wir auch erkennen, wie oft und wie umfänglich das Video angeschaut wurde.

Wie setzen wir diese Maßnahmen zeitlich um?

Wir haben gute Erfahrungen damit gemacht, dass wir die Teilnehmerinnen und Teilnehmer am ersten, dritten und siebenten Tag nach dem Ende des Webinars erneut per eMail kontaktieren.

Am ersten Tag nach dem Ende des Webinars bekommen die Teilnehmer/innen eine Danksagung. Diese ist emotional zugewandt formuliert und soll eine positive Stimmung in Bezug zum durchgeführten Webinar herstellen. Die No-Shows bekommen eine eMail, in der wir bedauern, dass sie nicht haben teilnehmen können. Wir formulieren auch hier zugewandt und freundlich und geben Informationen über ähnliche Webinare oder andere Informationsmöglichkeiten über das Webinarthema.

Am dritten Tag nach dem Ende des Webinars mailen wir den Link zur Webinar-Aufzeichnung. Wir ergänzen entweder eine persönliche Rückmeldung zum Webinar oder wenn wir eine passende Rückmeldung eines Teilnehmers oder einer Teilnehmerin haben, ergänzen wir diese.

Eine Woche nach dem Ende des Webinars senden wir eine letzte eMail mit Bezug zum Webinar. Wir fassen die Kernbotschaft des Webinars nochmals in ein/zwei Sätzen zusammen und bieten entweder weitere Informationen an oder enden mit einem Call-to-Action. Falls der Wunsch nach einer Kopie der verwendeten Folien zwischenzeitlich an uns herangetragen wird, so fügen wir diese als Anlage bei.

Arbeitsfragen:

1. Welches Zeitraster nutzen Sie in ihrer Organisation für die Entwicklung und Durchführung von Webinaren?

2. Wer ist in ihrer Organisation verantwortlich für die Themenfelder Webmeeting, Webinar und Webkonferenz?

3. Wie kommunizieren Sie ihr Webinarangebot an ihre unterschiedlichen Zielgruppen?

Sieben Empfehlungen und eine Zauberformel

Liebe Leserinnen, liebe Leser, auf den vorangegangenen Seiten haben wir Ihnen Grundlagen und Praxis für erfolgreiche Webinare dargestellt. Nun fragen Sie sich vielleicht, kurz und knapp – was soll ich denn jetzt tun?

Hier sieben Empfehlung und eine Zauberformel für den gelingenden Start:

1. Verstehen Sie Webinare als eine Legierung mit Elementen aus Lehr-Lern-Formaten, aus Genres der Massenkommunikation und aus analogen Seminaren. Verschmelzen Sie diese Elemente zu einem neuen Format mit neuen Chancen und digitalen Mehrwerten.
2. Entwickeln Sie Webinare agil, indem Sie schnell mit einem ersten Angebot an ihre Zielgruppe präsent sind und dann in kleinen Schritten ihr Angebot kontinuierlich verbessern. So bleiben Sie offen für neue Inhalte und Rückmeldungen Ihrer Teilnehmer/innen.
3. Ein Webinar endet nicht mit dem Ende des Webinars. Die nachhaltige Wirkung verbessern Sie entscheidend mit der Nachbereitung durch Nachfassimpulse und Aufbau sozialer Relevanz.
4. Menschen lernen gerne von den Erfolgen anderer. Integrieren Sie Fach- und Anwendungsexperten und -expertinnen. Klären Sie im Vorfeld die Rollen der Beteiligten; inszenieren Sie Interview und Gespräch sowie Informationsinhalte.
5. Technische Werkzeuge bieten viele Möglichkeiten. Die Verfügbarkeit dieser Werkzeuge begründet nicht ihren didaktisch hilfreichen Einsatz in Webinaren. Gehen Sie andersherum vor und fragen Sie, wie Sie nachhaltige Wirkung bei den Teilnehmer/innen erzielen können und welche technischen Werkzeuge dies ermöglichen.
6. Sprache und Stimme – Investieren Sie Zeit und Mühe, Ihre Stimme zu verbessern und Ihre Sprache teilnehmerorientiert zu gestalten.

© Springer Fachmedien Wiesbaden GmbH, ein Teil von Springer Nature 2020
W. Krieger, *Webinare – alles ganz anders hier!*, essentials,
https://doi.org/10.1007/978-3-658-31332-6_5

7. Üben, üben, üben – als Moderator/in aber unbedingt auch als Teilnehmer/in und als Co-Moderator/in und als Fachexpert/in.

Die Zauberformel für glückliche Teilnehmerinnen und Teilnehmer

Hohes Engagement
+
Wenig Inhalt
=
Glückliche Teilnehmerinnen und Teilnehmer

Was Sie in diesem *essential* mitnehmen können

- Warum Sie eine Folienschlacht veranstalten sollten
- Warum weniger als weniger dann doch mehr ist
- Welche Interaktionen Sie nutzen sollten
- Wie Sie Stimme und Sprache wirkungsvoll einsetzen
- Wie Sie mit guter Nachbereitung den Erfolg sichern

© Springer Fachmedien Wiesbaden GmbH, ein Teil von Springer Nature 2020
W. Krieger, *Webinare – alles ganz anders hier!*, essentials,
https://doi.org/10.1007/978-3-658-31332-6

Literatur

Arndt, P. A., & Sambanis, M. (2017). *Didaktik und Neurowissenschaften. Dialog zwischen Wissenschaft und Praxis.* Tübingen: Narr Francke Attempto (Narr Studienbücher).

Haller, M. (2013). *Das Interview* (5., völlig überarbeitete Aufl.). Konstanz: UVK Verlagsgesellschaft (Praktischer Journalismus, Bd. 6).

Keller, J. M. (2008). First principles of motivation to learn and e3-learning. *Distance Education, 29*(2), 175–185.

Klein, Z. M. (2015). *150 kreative Webinar-Methoden. Kreative und lebendige Tools und Tipps für Ihre Live-Online-Trainings.* Bonn: Manager-Seminare-Verlag-GmbH (Edition Training aktuell).

Kraus, M. W. (2017). Voice-only communication enhances empathic accuracy. *The American psychologist, 72*(7), 644–654.

Krieger, W., & Hofmann, S. (2018). *Blended Learning für die Unternehmensdigitalisierung. Qualifizieren Sie Führungskräfte zu Botschaftern des digitalen Wandels.* Wiesbaden: Springer Gabler (essentials).

Lakoff, G., & Johnson, M. (2018). *Leben in Metaphern. Konstruktion und Gebrauch von Sprachbildern* (Neunte Aufl.). Heidelberg: Carl-Auer (Systemische Horizonte).

Lakoff, G., & Wehling, E. (2016). *Auf leisen Sohlen ins Gehirn. Politische Sprache und ihre heimliche Macht. Vierte, um ein aktuelles Nachwort ergänzte Auflage.* Heidelberg: Carl-Auer (Kommunikation/Gesellschaft).

Luhmann, N., & Baecker, D. (Hrsg.). (2009). *Einführung in die Systemtheorie* (5. Aufl.). Heidelberg: Auer (Sozialwissenschaften).

Pappas, C. (2015). How to apply Gagné's 9 events of instruction In eLearning. eLearning industry. https://elearningindustry.com/how-to-apply-gagnes-9-events-of-instruction-in-elearning.

Ryan, D. (2000). Intrinsic and extrinsic motivations: Classic definitions and new directions. *Contemporary Educational Psychology, 25*(1), 54–67.

TechSmith. (2018). Video viewer habits, trends, and statistics you need to know. https://discover.techsmith.com/techsmith-video-viewer-study/.

© Springer Fachmedien Wiesbaden GmbH, ein Teil von Springer Nature 2020
W. Krieger, *Webinare – alles ganz anders hier!*, essentials,
https://doi.org/10.1007/978-3-658-31332-6

Zum Weiterlesen

Courville, R. (2009). *The virtual presenter's handbook*. Troutdale: 1080 Group.

Hermann-Ruess, A., & Ott, M. (2014). *Das gute Webinar Das ganze Know-How für bessere Online-Präsentationen* (2. Aufl.). Wiesbaden: Springer Fachmedien.

Reynolds, G. (2010). *Presentation Zen design. Simple design principles and techniques to enhance your presentations*. Berkeley: New Riders.

Sharan, S., & Carucci, J. (2014). *Webinars for Dummies*. Hoboken: Wiley.

Taylor, D. H. (2015). *Webinar Master*. London: Canelo.

Printed in the United States
By Bookmasters